NORDSEEINSELN

sehen & erleben

NORDSEEINSELN

Fotografie   Heinz Wohner
Text   Norbert Ney

SCONTO

Inhalt

Die Inseln in Bildern. Die Aufnahmen der Inhaltsseiten zeigen im Uhrzeigersinn das Feuerschiff »Borkum Riff« vor Borkum (oben), den Leuchtturm von Kampen, Schafe am Süddeich von Pellworm, eine Dünenlandschaft auf Norderney und eine Wattwanderung vor Borkum.

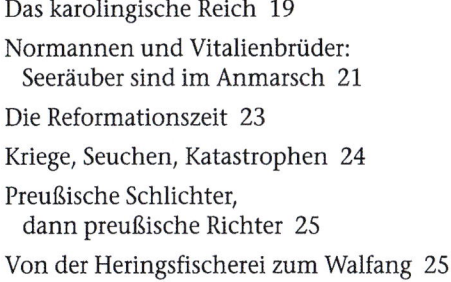

Mitte des 19. Jahrhunderts beherrschten noch strenge Moralvorstellungen das Badevergnügen. Sogenannte Badekarren, die nach unten offen waren und ins Meer geschoben wurden, schützten vor neugierigen Blicken. Heute dienen sie vor allem als Stützpunkte für die Strandwächter.

Nachfolgende Doppelseite: Das »Rote-Kliff-Feuer«, Kampens Wahrzeichen, gilt als Sylts ältester Leuchtturm. Den wortkargen Friesen war jedoch diese offizielle Bezeichnung zu lang, und deshalb wurde er in Erinnerung an die Könige Dänemarks, unter deren Herrschaft die Insel bis 1866 stand, kurz »Christian« genannt.

Die vom Meer ange-
schwemmten Sandbänke
werden mit Strandhafer
bepflanzt und damit vor
Erosion durch Wasser
und Wind geschützt.
Diese künstliche Dünen-
befestigung ist mit hohen
Kosten verbunden, denn
die Pflanze wird nicht
gesät, sondern muß
einzeln in den Boden
gesetzt werden.

Auch heute noch ver-
ändern die Dünen auf
Norderney ständig ihr
Aussehen. Die feinen
Sandpartikel werden vom
Westwind immer weiter-
transportiert, so daß die
Dünen wandern – ein
Spiel der ursprünglichen
und ungebändigten
Natur.

Inseln – Oasen in der Wüste des Wassers

»Die« Nordseeinseln, dies gleich vorweg, gibt es nicht! Kein Urlauber, der ein bißchen in der Welt herumgekommen ist, würde ernstlich behaupten, daß, wer eine griechische Insel gesehen hat, alle kenne, daß die Kanarischen Eilande wie ähnlich geratene Verwandte aussähen oder daß sich die Balearen glichen wie Geschwister. Ebenso verhält es sich mit »unseren« deutschen Inseln in der Nordsee.

Für in Geographie nicht so bewanderte Leser sollen gleich zu Anfang alle Unsicherheiten über die Lage der Friesischen Inseln beseitigt werden: Als Ostfriesische Insel wird alles bezeichnet, was zwischen der Elbmündung und den Westfriesischen Inseln, die vor der holländischen Küste liegen, aus dem Wasser ragt, also zwischen Ems- und Wesermündung. Die Nordfriesischen Inseln liegen weiter oben, vor der Westküste Schleswigs, etwa zwischen Husum und Hoyer, kurz vor der dänischen Grenze. Eins ist ihnen allen gemeinsam: die Nordsee, der »Blanke Hans«, dem sie alle seit Jahrhunderten gleich stark ausgesetzt sind und dessen mal sanfte Hand, mal harte Faust alle zu spüren bekommen. Dennoch, hier gibt es noch ein Fleckchen Erde, wo man genießen kann, was die einmalige Faszination der Naturgewalten ausmacht: den Spaß des Strandlebens, die aufregenden Wechsel zwischen Ebbe und Flut, zwischen Sonne und Sturm.

Diese Inselwelt steckt voller Anziehungspunkte und natürlichem Reiz: Leuchttürme, Strände zum Wellenreiten, Surfen, Tauchen, Segeln, Schwimmen, Muschelsammeln und Bernsteinsuchen; Brandung, Möwen, Dünen und Deiche, Einsamkeit, endloses Meer, salziger Seewind, Buchten und Halligen; dazu eine Postkartenlandschaft mit Wolken, die wie vom Wind zerrissene Fahnen aussehen, die sich manchmal losreißen und im Sturm tanzen oder auch unheimlich grau, bedrohlich über dem Land hängen, genauso schnell aber auch wieder aufreißen und die Sonne hervorbrechen lassen, die dann Meer und Strand in ein glitzerndes Licht taucht.

Tausend Möglichkeiten gibt es, etwas zu erleben und zu genießen: eine Spurensuche auf den Fährten der alten Wikinger, der friesischen Häuptlinge oder der Piraten um Störtebeker, ein Besuch der zahllosen Naturparks oder Naturschutzgebiete, eine Wattwanderung – und zwar barfuß, denn das ist eine wunderbare Fußmassage auf dem Meeresboden, in den halb festen, halb weichen »Rippen« des Sandes, oder einfach ein Spaziergang an endlos langen Stränden, gestreichelt von Sonne und sanfter Brise oder umtost von Sturm und Wellen. Man kann sich auch in den friesischen sportlichen Disziplinen, dem Klootstockspringen (wobei man sich mit dem Stock über Wassergräben schwingt, denn früher gab es wenige Brücken) oder Boßeln, das ist eine Art Boccia, das auf dem Feld gespielt wird, versuchen. Sehr beliebt ist auch das Strandsegeln, wobei die dreirädrigen Gefährte bis zu 90 Stundenkilometer erreichen können.

Dazu kommt ein weiterer Faktor, der sich allerdings nur unter Kennern von Landschaft und Klima herumgesprochen hat: Die Inseln eignen sich gut zum Kräftesammeln, zum Aufladen der seelischen und körperlichen Batterien.

Die Nordsee – Deutschlands einziges »echtes« Meer

Die Nordsee – das sind circa 525 000 Quadratkilometer Wasser, ein Gebiet, in dem man die Bundesrepublik komplett versenken könnte. Die mittlere Tiefe dieses Flachmeeres liegt bei ungefähr 94 Metern. Der Nordseeraum gilt als die jüngste deutsche Landschaft. Inseln, Halligen, Marschen, Moore, Strände, Geest und Dünen – alles

Die Hochseeinsel Helgoland empfängt ihre Besucher oft mit einem Sturm und heftigem Wellengang. Das Umsteigen in die kleinen Boote, die die Passagiere von den Seebäderschiffen auf die Insel übersetzen, ist dann ein aufregendes und nicht immer ganz magenfreundliches Erlebnis.

ist noch in Bewegung: Jeder Meter, der dem Meer in harter Arbeit abgerungen wurde, sei es durch Marschen, Anlegen von Warften oder Deichbau, ist täglich bedroht. Stürme und Sturmfluten der letzten Jahrzehnte haben dies immer wieder eindringlich unterstrichen.

Plinius der Ältere hat das Phänomen – um 50 n. Chr. – während einer Reise »entlang der germanischen Nordseeküste, angesichts eines grandiosen Naturschauspiels«, zwischen Faszination und Schaudern hin- und hergerissen, schon beschrieben: »In großartiger Bewegung ergießt sich dort, zweimal in dem Zeitraum je eines Tages und einer Nacht, das Meer über eine unendliche Fläche und offenbart einen ewigen Streit der Natur um eine Gegend, von der es zweifelhaft ist, ob sie zum Lande oder zum Meer gehört.«

Ebbe und Flut, immer wieder auftretende Sturmfluten, scheinen in der Tat hier einen ewigen Streit auszufechten. Fast 2000 Jahre nach Plinius verändert die See praktisch jeden Tag das Gesicht der Watt-, Marsch-, Moor- und Insellandschaft. Ständig wird eingedeicht, werden Siele, Köge, Schleusen, Wurten und Warften errichtet, Dünen aufgeworfen, Sand vorgespült – dennoch vergeht kein Jahr, in dem nicht irgendwo ein Inselfetzen verloren geht, ein Deich Schäden erleidet.

Die Entstehung der Inseln

Die Ostfriesischen Inseln sind noch junge Strandwall- und Dünenbildungen am Rand des Wattenmeeres, die durch den ständigen Westwind und die Meeresströmungen zum Wandern von West nach Ost gezwungen sind und ihre Form ständig verändern. Vom Aufbau her sind sie sich allerdings alle sehr ähnlich: Zur See hin liegt ein Strand ohne jegliche Vegetation, in der Mitte befinden sich höhere Dünen-

züge, hinter denen die Siedlungen liegen. Zum Wattenmeer hin bilden sich Marschgebiete und Vorländer. Die Wanderung der Inseln ist im 20. Jahrhundert durch Bauwerke wie Deiche oder Buhnen erheblich verlangsamt oder ganz abgestoppt worden. Sehr viel früheren Datums sind die Anfänge der Nordfriesischen Inseln, die in der Eiszeit zu suchen sind, als bis zu 2000 Meter hohe Eismassen das Land bedeckten. Bei ihrem Vordringen schliffen sie den darunterliegenden Boden ab und hinterließen ein fest zusammengefügtes Geschiebe aus Ton, Sand und Kies als sogenannte Grund-

moräne. Ohne diese Schuttablagerungen, ein anderer Begriff ist »Geest«, läge der nördliche Teil Deutschlands weit unter dem Meeresspiegel. Im Laufe der Geschichte änderte sich der Wasserstand der Nordsee immer wieder, je nachdem veränderte sich dann auch die Küstenlinie, das heißt Teile des Festlands wurden abgerissen und zu Inseln.

Die Nordfriesischen Inseln Sylt, Amrum und Föhr enthalten diese alten Geestkerne, an deren Ostseite ständig junge Marsch angelagert wird. Das bedeutet, daß durch abgesetzten Schlamm und Schlick die bei Eb-

Noch heute sieht man den gepflegten und schmucken Häusern in Keitum (links) und Tinnum (oben) an, daß hier nicht irgendwer gewohnt hat. Hier setzten sich reiche Kapitäne zur Ruhe, die mit dem Walfang ihr Glück gemacht hatten.

Warfthäuser und Windmühlen sind typisch für die Landschaft auf den Nordfriesischen Inseln.

be über dem Wasserspiegel liegenden Wattenmeergebiete erhöht werden. Das entstehende Vorland wird von Pflanzen besiedelt und kann als Weide benutzt werden. Wenn sich das Land noch weiter über den allgemeinen Wasserspiegel erhöht, so wird es zur Marsch. Koog nennt man jene Teile des Landes, die durch die künstliche Eindeichung gewonnen wurden, also in harter Arbeit dem Meer entrissen werden konnten und die heute zu großen Teilen sehr fruchtbare Acker- und Wiesenböden sind. Ohne Deiche und Dämme wäre der Boden sicher längst weggespült worden.

In Nordfriesland sind große Teile der neugebildeten Marsch durch Sturmfluten wieder zerstört worden, der in dieser Gegend übliche Abbau von Salztorf führte zu einer weiteren Geländevertiefung, und der Mensch verstärkte so künstlich die Absenkung des Landes. In der Geschichte Nordfrieslands finden sich immer wieder Berichte von großen Flutkatastrophen. Im Jahre 1300 beginnt eine Reihe von Sturm-

fluten mit der ersten Marcellusflut, auch die Große Mandränke im Jahre 1362 und die zweite Mandränke 1364 sind zu erwähnen, als die damals noch bestehende große Insel Strand in den Fluten unterging und als einzige Reste die Marscheninseln Pellworm, Nordstrand und die Hallig Nordstrandischmoor hinterließ.

Die eingedeichten Inseln Pellworm und Nordstrand ebenso Nordstrandischmoor sind Reste alter Marschen, die das Meer in diesem Jahrtausend wieder verschlungen hat. Auch westlich dieser Inselwelt gab es früher noch weitere Ablagerungen, die aber später der See zum Opfer fielen und in den Fluten untergingen. Die Halligen sind erst vor relativ kurzer Zeit entstanden; sie unterscheiden sich von den Marscheninseln nur dadurch, daß sie nicht eingedeicht sind. Einzig die Warften, die künstlich aufgeworfenen Erdhügel, auf denen die Hallighäuser stehen, liegen bei Sturmfluten über dem Wasserspiegel.

Die Friesen – Geschichte und Geschichten

»Gott schuf das Meer, der Friese die Küste!«, so fassen die Friesen ihre 2000jährige Geschichte zusammen, die außergewöhnlich bewegt war und zugleich beispielhaft für das Schicksal vieler anderer deutscher Stämme steht. Es ist die Geschichte eines fast ständig von allen nur denkbaren Seiten bedrohten Volkes, das sich in all der Zeit in immer neuen Eroberungs- und Vernichtungskriegen zu behaupten hatte. Da waren die Römer, von denen überliefert ist, daß sie die Friesen »achteten und zugleich fürchteten« – wie übrigens auch die Landschaft, in der sie lebten; dann kamen Franken, Normannen, mißgünstige Nachbarn, denen das blühende Friesland sehr wohl als Bereicherung erschien – gegen sie alle verteidigten die Friesen ihre Heimat.

»Trutz!« lautet ihr Zauberwort, das im Lauf der Geschichte mal Herzöge, Könige, Grafen, Fürsten oder Häuptlinge ausgaben – und das gegen den großen, »ewigen Feind, den Gott schuf«, weiter in aller Munde ist: Trutz Blanke Hans – trotzt dem Meer.

Die Frühgeschichte

Grabungen erwiesen, daß im friesischen Raum schon früh Menschen siedelten. Anhaltspunkte, um welche Stämme es sich handelte, gibt es wenige. Spuren menschlicher Anwesenheit lassen sich bis in die Mittlere Steinzeit (etwa um 10 000 v. Chr.) zurückverfolgen. Die Tatsache gilt als gesichert, daß in der Zeit, als die Küste noch auf Höhe der Doggerbank verlief, Kimbern und Teutonen hier wohnten, die um 300 v. Chr. nach Süden ausweichen mußten, als die See ihre Küste nach Süden verlegte.

Immer öfter setzten Fluten ein, die die Wohnplätze überschwemmten, also entstanden erste Warften (Wurten), das sind die auch heute noch sichtbaren, oft sogar noch genutzten künstlich aufgeworfenen Wohnhügel, die in jenen Tagen nur in Gemeinschaftsarbeit ganzer Sippen entstanden sein können. Die Menschen lernten, daß das Meer zwar nahm, aber auch gab; doch was es zu geben bereit war, mußte man ihm nehmen – in harter Arbeit!

Was sich hier zwischen 500 v.Chr. und etwa 500 n. Chr. abspielte, liest sich – in Kurzfassung – so: Die Friesen waren Teil der germanischen Stammesgruppe der Ingwäonen, zu denen auch Sachsen und Chauken gehörten. Die im 1. Jahrhundert v. Chr. erneut einsetzende Verlandung der Küste bot vielen einwandernden Stämmen aus dem Osten, dem Norden, aber auch von den Britischen Inseln neuen, fruchtbaren Lebensraum. Frühe Zuwanderer konnten sich im geschützten Hinterland niederlassen, wer später kam, wie die Friesen,

mußte dicht am Meer und damit im Einflußbereich von Ebbe und Flut siedeln. Um den Gezeiten nicht schutzlos ausgeliefert zu sein, bauten sie Häuser auf Erdhügeln.

Die Herkunft der Friesen

Historisch gesehen sind »die Friesen« ein alter westgermanischer Volksstamm, der schon in der Römerzeit die Küstenregion bewohnte und vom nördlichen Holland bis ins Emsland, zwischen Rhein- und Wesermündung, beheimatet war. Die »Widerspenstigen von der Küste« wurden immer wieder unterworfen, errangen aber den Ruf, besonders hartnäckig Widerstand gegen fremde Herren zu leisten. Sie widersetzten sich am längsten von allen Germanenstämmen der Christianisierung und trieben selbst den heiligen Bonifatius, den »Apostel der Deutschen«, zur Weißglut.

Später – schließlich zum christlichen Glauben konvertiert – wurden ihre hervorragenden seefahrerischen Kenntnisse von

In der Vergangenheit waren die Inseln neben dem Fischfang vor allem von der Landwirtschaft geprägt. Große friesische Bauernhöfe, auf denen vor allem Viehzucht betrieben wird, sind noch immer typisch.

Das Forschungsschiff der Biologischen Anstalt auf Helgoland dient vor allem der meeresbiologischen Grundlagenforschung (oben). Dem Ausflugsverkehr dienen die Dampfer, die die Inseln miteinander verbinden (unten).

den Kreuzfahrern genutzt: An nicht weniger als acht Kreuzzügen nahmen ihre Koggen teil – und haben später den Schiffen der Hanseflotte als Vorbild gedient. Die Friesen waren Fischer, Seefahrer und schon früh Kaufleute, die einen weitläufigen Austausch von Waren und Wissen betrieben, sie bauten ein ausgedehntes staatliches und monetäres Netz auf. Um 1685 pflegte man Beziehungen zu zahlreichen deutschen Fürsten- und Herzogtümern wie Bayern, Böhmen, Kursachsen, Schlesien, Berlin, Kurbrandenburg, – aber auch zu ausländischen politischen und Handelsnachbarn, wie den Spanischen Niederlanden, Dänemark, England oder Frankreich.

Von den Griechen entdeckt, von Römern, Franken und Priestern bedroht...

Als erste entdeckten Griechen und später die Römer das Land der Friesen und priesen in einer Mischung aus Respekt und nachschwingender Erinnerung an wenig

erfolgreiche kriegerische Tage dieses »freie Volk am Meer«. Die römischen Eroberer jener Tage hinterließen zahlreiche Berichte über das damalige Leben der Friesen und ihre Versuche, den Römern zu trotzen. Die Tapferkeit der Friesen sprach sich sogar bis Rom herum. Plinius der Ältere, ein römischer Geograph und Schriftsteller (23 bis 79 n. Chr.) verbrachte mehrere Jahre an der Nordseeküste und schilderte plastisch wie kaum ein anderer Gepräge der Landschaft und Zustand der Küste:
»Dort bewohnt ein beklagenswertes Volk hohe Erdhügel, die mit den Händen nach dem Maß der höchsten Flut errichtet sind. In ihren erbauten Hütten gleichen sie Seefahrern, wenn das Wasser das sie umgebende Land bedeckt, und Schiffbrüchigen, wenn es zurückgewichen ist und ihre Hütten gleich gestrandeten Schiffen allein dort liegen. Von ihren Hütten aus machen sie nach dem Zurückweichen des Meeres Jagd auf die zurückgebliebenen Fische. Ihnen ist es nicht vergönnt, Vieh zu halten, sich von Milch zu nähren wie ihre Nachbarn, ja nicht einmal mit wilden Tieren zu kämpfen, da jedes Buschwerk fehlt. Aus Schilfgras und Binsen flechten sie Stricke, um Netze für die Fischerei daraus zu machen. Und indem sie den mit den Händen ergriffenen Schlamm mehr im Wind als in der Sonne trocknen, wärmen sie ihre Speise und die vom Nordwind erstarrten Glieder durch Erde (gemeint ist damit Torf).«
Warum und wie es zum ersten Friesenaufstand kam, schildert der Geschichtsschreiber Cornelius Tacitus (55–116 n. Chr.) erstaunlich objektiv: »Im selben Jahr brachen die Friesen den Frieden, mehr infolge unserer Habsucht als aus Trotz gegen unsere Herrschaft. Drusus hatte ihnen in Rücksicht auf ihre dürftigen Verhältnisse einen mäßigen Tribut auferlegt; sie sollten Rinderhäute liefern.« Der Streit entfachte jedoch ob der Größe der geforderten Häute:

Die Römer bestanden auf auerochsengroßen Häuten, die die kleineren friesischen Kühe aber nie liefern konnten. »Die römischen Soldaten«, so Tacitus, »die zur Erhebung des Tributs nach Friesland kamen, wurden von den Friesen angegriffen und ans Kreuz geschlagen.« Ein Kampf, den die Römer zwar für sich entschieden, aber ihr Blutzoll war so gewaltig, daß allen Geschichtsschreibern verboten wurde, darüber zu berichten, um keine Aufstände der Nachbarstämme herauszufordern.

Die Häuptlinge der Friesen

In der auf die römische Besatzung folgenden Zeit »expandierten« die Friesen, im dritten Jahrhundert nach Christus griffen sie einen benachbarten Volksstamm, die Bataver, an, danach übernahmen sie in der ganzen Region die Vorherrschaft.

Glaubt man den Sagen, so wurden die Könige Sibbelt (um 400) und sein Sohn Ritzard zu den beherrschenden Machthabern an der Küste. Der Adlige Engistus soll um 435 n. Chr. mit einer Miniflotte sogar Britannien erobert haben. Nur Legenden? Tatsache ist, daß, parallel zum Aufstieg des fränkischen Königsgeschlechts der Merowinger, Friesen das von den Batavern eroberte Dorestad, nicht weit vom heutigen Utrecht entfernt, zu einem der größten Hafen- und Handelsplätze des frühen Mittelalters ausbauten.

Bis zum Aufstieg der Hanse, der etwa ab Mitte des 12. Jahrhunderts stattfand, blieben die Friesen das Handelsvolk Nummer eins, das sich nach Süden ausbreitete: Sie besiedelten das Frankenland, das von seinen Bewohnern verlassen wurde, um Gallien zu erobern. Mitte des 6. Jahrhunderts zogen die Franken wieder nach Norden zurück, um nicht nur das Land zurückzugewinnen, sondern auch die »Herzen und Seelen seiner Bewohner« zu missionieren.

642 ging Friesenherzog Aldegill als Ur-Deichbauer in die Annalen der Küste ein. In seine Amtszeit fiel auch die Ankunft des Missionars Wilfried, Erzbischof von York (634–709/710). Herzog Aldegills Nachfolger stoppten alle Christianisierungsversuche, die überwiegend aus dem irischen Raum kamen. Der Blutzoll der Mönche war hoch: Bonifatius zum Beispiel, der »Apostel der Deutschen«, wurde 754 bei Dokkum erschlagen – die Friesen waren einfach »verstockte Ungläubige«.

Das karolingische Reich

Danach waren es Franken, die – wenn es schon nicht mit Worten ging – mit dem Schwert zum Missionieren kamen. Dabei ging es ihnen aber vor allen Dingen um einen günstig gelegenen Küstenhandels- und Flottenstützpunkt: Die Friesen mußten gefügig gemacht werden! Trotz heftiger Gegenwehr erlitten sie 689 eine vernichtende Niederlage. Die Überlebenden muß-

Mit Kleinbooten werden Helgoland-besucher von den großen Ausflugsschiffen an Land gebracht (oben). Die Insel ist ein Ort wohltuender Ruhe, da nur wenige Benzinfahrzeuge verkehren. Meist ist hier zu Fuß gehen angesagt.

*Nicht nur Naturerlebnis und Bade-
vergnügen bieten die Inseln. Ob im
Kurhaus auf Borkum oder im Spielcasino auf Norderney, auch Nacht-
schwärmer kommen auf ihre Kosten.*

ten ihre südwestlichen Gebiete, den heute niederländischen Teil, räumen und zogen sich auf die Insel Foset (wahrscheinlich Helgoland) zurück.

Als nach dem Tod Pippins II. im Jahre 714 ein Erbfolgestreit im fränkischen Herrenhaus ausbrach und man dort mit internen Problemen beschäftigt war, zog der 689 unterlegene Friesenfürst Radbod mit einem starken Heer in die alte Heimat und eroberte sämtliche Frankenstellungen. Erst Karl Martell (um 688/689 – 741), ein Sohn Pippins II., stellte sich ihm entgegen – und steckte eine böse Niederlage ein. Der friesische David siegte gegen Goliath, weil er, wie Historiker überliefern, den Franken an Einsatzmut überlegen war. Die Friesen kämpften für den Erhalt der Heimat, die fränkischen Bauern erfüllten nur ihre Pflicht zur Heerfolge...

Radbod vereinigte das Friesenreich noch einmal zu alter Macht und Größe – was wiederum auch Verfolgung der christlichen Missionare bedeutete.

Endgültig brach der Glaubensdamm erst nach dem Rachefeldzug Karl Martells gegen Radbods Nachfolger. Nur die Provinz Groningen und die östlichen Gebiete blieben den Friesen als freies Land. Friesen und Sachsen vereinigten sich gegen das nun von Karl dem Großen (747 – 814) regierte Frankenreich. Die folgenden Jahrzehnte sind von Verteidigungs- und Rückeroberungskriegen geprägt. Sachsen wie Friesen gerieten schließlich unter fränkische Herrschaft. Es war das Ende des vereinigten »Freien Friesland«: Der holländische Teil blieb in der Gewalt Karls des Großen, Ostfriesland war mehr oder weniger selbständig. Es konnte jedoch auf die Dauer seine Aufnahme in das fränkische Reich nicht verhindern; allerdings war es direkt dem König unterstellt, es konnte sich also kein Herrscher eine eigene Machtposition aufbauen. Immerhin: Seit der 802 von Karl erlassenen »Lex Frisionium« waren die Friesen freie Bauern, nur dem König verpflichtet, der sie gegen Übergriffe zu schützen hatte: so ab 873 gegen die Normannen oder bis ins 13. Jahrhundert gegen Herrschaftsansprüche unzähliger Grafen, Herzöge oder Bischöfe. Den streitbaren Problemrest regelten die freien Friesenbauern unter sich selbst.

Ebenso wehrten sie sich gegen die über ihre Köpfe hinweg geplante Einordnung ins mittelalterliche Feudalsystem. Mit irgendeiner Staatsgewalt hatten die Friesen nie viel im Sinn, was auch zur Wanderung ins Nordfriesische führte: Um der Eroberung durch die Karolinger zu entgehen, gingen Teile des Stamms nach Norden – in den Westen des heutigen Schleswig-Holstein. Man versuchte sich schon im Hochmittelalter in Selbstverwaltung durch die Gliederung des Landes in sogenannte Landschaften und hielt an der berühmt gewordenen »Nordfriesischen Freiheit«, die nie eine Leibeigenschaft zuließ, fest.

Normannen und Vitalienbrüder: Seeräuber sind im Anmarsch

Für manche hießen sie »Eschenmänner«, weil sie mit Speeren aus Eschenholz kämpften, andere nannten sie Wikinger oder Normannen: Immer wieder fielen die »vom Meer her Kommenden«, die mit schnellen Schiffen urplötzlich auftauchten und so jede Verteidigung verwirrten oder unmöglich machten, über die friesische Küste her. Selbst Karl der Große hatte Respekt vor ihnen, ließ Leuchttürme errichten, organisierte mit den Friesen eine Küstenwehr – und in diesem Fall hatte er sie voll hinter sich, schließlich ging es um ihr eigenes Land! Anfangs hatten die Wikinger auch kaum Chancen, sie zu überrumpeln, aber bald wurden aus kleinen Gruppen von Piraten, die irgendwo schnell Beute machten, Großangriffe in immer größer werdendem Umfang. Die verwirrende Vielzahl der »Nadelstichangriffe« zermürbte die Gegenwehr der Friesen; sie mußten mit ansehen, wie ihr Land besetzt, geplündert, verwüstet, zahllose Männer, Frauen, Kinder versklavt wurden, ihre Dörfer in Flammen aufgingen. Es wird berichtet, daß ganze Landstriche verödeten und regelrecht ausgestorben waren. Erst um das Jahr 880 konnten die Wikinger zurückgeschlagen werden.

Die Nordfriesischen Inseln wurden in dieser Zeit dem dänischen Reich unterstellt. Der Westteil von Föhr, Amrum und Listland, die Nordspitze von Sylt, gehörten ab dem 8. oder 9. Jahrhundert bis 1864 als relativ unbehelligte Enklaven zu Dänemark. Der Ostteil von Föhr wurde 1435 – ebenso wie kurz zuvor der größte Teil von Sylt – dem Herzogtum Schleswig zugeschlagen. Erst nach dem Sieg der Preußen im deutsch-dänischen Krieg 1864 mußte Dänemark alle Besitzansprüche an den Nordfriesischen Inseln abtreten.

Nach dem Sieg über die Wikinger folgten zwei Jahrhunderte, in denen man sich weltlicher und geistlicher Raubritter mit Erfolg erwehrte: 1058 gegen den Billunger Bernhard II., Herzog von Sachsen, der mit Erzbischof Adalbert von Bremen angebliche Zinsansprüche durchsetzen wollte, aber mit ihm in die Flucht geschlagen wurde; 1092 gegen den Grafen von Werl – mit demselben Ergebnis; 1101 gegen Heinrich von Northeim sowie gegen Heinrich V. Friesland besaß in dieser Zeit schon fast demokratische Strukturen. Den Bund regierten nun 16 Consules (im Friesischen hießen sie »Redjeven«, das bedeutet Ratgeber), vom Volk auf ein Jahr gewählt. Diese ernannten aus ihren Reihen den Oberrichter. Rechtsprechung, Vollzug der Urteile und in Kriegszeiten der Aufruf zur Mobilmachung zählten zu den Vollmachten dieser Gremien.

Dies führte ganz allmählich zu einer – für damalige Verhältnisse – freien Gesellschaftsform, die die Grafschaft, später das Fürstentum Friesland zu einem außergewöhnlich aufgeschlossenen Land machten, wo die Freiheit des einzelnen und Religionsfreiheit keine leeren Worte waren. Hier wurde die Leibeigenschaft lange vor anderen Staaten der Welt aufgehoben, Schulunterricht zur Pflicht, ehe dies anderswo gelang; jeder Friese konnte das Privileg der Freiheit in Anspruch nehmen und dazu das Recht, es gegen weltliche und kirchliche Instanzen zu verteidigen.

Als das Amt des Redjeven (sie wurden später Häuptlinge genannt) im Laufe der Zeit erblich geworden war und so eine gewisse Machtkonzentration auf eine Person erfolgte und gleichzeitig auch die Herrschaftsbestrebungen von auswärtigen Grafen größer wurden, erhoben sich 1271 die Friesen gegen die Schulzen, das heißt gegen die von den Grafen eingesetzten Statthalter. Der Aufruhr wurde zum Flächen-

Norderney hat als königlich hannoversche Sommerresidenz noble Zeiten hinter sich. Bauliche Überreste dieser Pracht sind noch das Hotel »König Norderney« (oben) und das Kurhaus (unten).

brand; er richtete sich auch gegen die Zins-willkür kirchlicher Dekane, die sich Rechtsgewalt anmaßten und versuchten, den auf Export von Vieh und Einfuhr von Getreide angewiesenen Friesen das Zu-gangsrecht zu den Märkten zu verweigern. Das Transportwesen war zu dieser Zeit schon vermehrt in die Hände von Bremer und Hamburger Kaufleuten übergegangen. Die Friesen sahen es somit als ihr legitimes Recht an, diese auszuplündern und Ersatz in der Seeräuberei zu suchen.

In dieser Zeit blühte auch das Piratentum der sogenannten Vitalienbrüder, die darauf aus waren, die reichen Kaufleute der Flan-dernflotte zu berauben. Die einst wilden Gesellen der Ostsee, die dort vom Deut-schen Orden vertrieben wurden, hatten sich im schwedisch-dänischen Krieg von 1389 bis 1392 als Retter Stockholms einen großen Namen gemacht, weil es ihnen ge-lang, trotz Seeblockade der Dänen, den Menschen in der schwedischen Hauptstadt Lebensmittel (Vitalien) zukommen zu las-sen, ohne die sie verhungert wären. Nach diesem Krieg gab es für sie nichts mehr zu tun. So verlagerten sie ihr Operationsge-biet in Richtung Nordsee, wo verschwiege-ne Buchten, besonders an Frieslands Küste, sich im Falle des Falles zum schnellen Ver-schwinden anboten. Für diesen Schutz be-lohnten sie die friesischen Häuptlinge reich. »Likke deel«, zu gleichen Teilen wur-de ihre Beute verteilt, von daher kommt auch ihr Name »Likkedeeler«.

Die »Flandernroute« befuhren zu dieser Zeits zahllose Handelsschiffe – und so großen Kapitänen wie Heinrich von Pom-mern, Gödecke Michel, Claus Boniface Reinbek, Peter und Hans Haufoote, Klaus Störtebeker oder Heinrich von Hall, um nur einige der Edelpiraten zu nennen, war es mit ihrer kampferprobten Mannschaft ein leichtes, mal hier, mal dort zuzugrei-fen. Kam ihnen die Ladung des Schiffes ge-

legen, so erst recht die Kogge, die sich aus-gezeichnet als »Kaperschiff« eignete. In Häuptling Widzelts bergendem Hafen (Ma-rienhafe) setzten sie ihrer Unverschämt-heit die Krone auf: Störtebeker war so un-verfroren, die Beute auf dem Markt offen zu verhökern.

Erst 1400 einigten sich die Hansestädte Bremen, Hamburg, Lübeck und Groningen darauf, gemeinsam mit ihren Flotten dem Treiben der Piraten ein Ende zu machen. Trotz anfänglicher Erfolge, bei denen Pira-tenschiffe aufgebracht wurden, konnte der »harte Kern« der schweren Jungs noch ein-mal den Kopf aus der Schlinge ziehen – mit Hilfe der ostfriesischen Beschützer. Den Hanseaten wurde klar, daß sie nur über die Häuptlinge erfolgreich sein konnten. Im Mai 1400 trafen sich Abordnungen in Em-den zu »Sühneverhandlungen«, denn die ihnen Schutz gewährenden Friesen sollten für den angerichteten Schaden haftbar ge-macht werden, wenn sie sich nicht ver-pflichteten, jede Hilfe sofort einzustellen.

Ob auf Amrum oder auf Sylt, Spa-ziergänge und Spielen am Strand sind wichtiger Bestandteil eines jeden Inselurlaubs.

Pferdekutschfahrten gehören zu den geruhsamen Vergnügungen auf Borkum. Wer es sportlicher liebt, wagt sich mit dem Surfbrett aufs Meer.

Zähneknirschend unterschrieben nahezu sämtliche Ostfriesen-Häuptlinge, aber die Vitalienbrüder dachten nicht daran, ihre Beutezüge einzustellen, ebensowenig wie manche Häuptlinge bereit waren, sich an den Vertrag zu halten. Die Hanse ließ jedoch nicht locker; nun schwenkten auch die letzten Häuptlinge um, von der bevorstehenden Strafaktion Wind bekommend, nicht in den Rachefeldzug zu geraten: Im August 1401 wurden die letzten Piratenhochburgen niedergebrannt, die nach Helgoland geflohenen Likkedeeler von Hanseschiffen gestellt. 1402 rollten die Köpfe von Klaus Störtebeker und Gödecke Michel, der Spuk war vorbei.

Die Reformationszeit

Westfriesland war schon im 13. Jahrhundert an die holländische Krone gefallen, während die anderen friesischen Gebiete als »die 7 Seelande« Bauernstaaten »freien friesischen Rechts« und damit noch lange

autonom regierte selbständige Grafschaft blieben; erst 1454 begann auch hier eine neue Zeit. »Junker Ulrich« aus der mächtigen Häuptlingsfamilie der Cirksena wurde erster Reichsgraf der Provinz Ostfriesland, die als Reichslehen an Kaiser Friedrich III. überging. 1465 leisteten ihm sämtliche – bisher freien – Häuptlinge den Lehnseid. Sie taten dies um so leichteren Herzens, als der Kaiser die Bauernrechte nicht außer acht ließ und darüber hinaus jede Minderung ausschloß für »die freyheitten und gerechtikeiten die euch von keyser Karl dem Großen, auch andern Romischen keysern und kunigen gegeben.«

Daß vor allem Religionsfreiheit kein leeres Wort war, das bewies Nachfolger Graf Edzard, der ab 1519 zwar »das große Werk der Reformation« förderte, aber die sonst üblichen Bekehrungen per Schwert gegen Anhänger der alten Lehre verabscheute. Sein Sohn Enno II. dagegen kam gleich nach Regierungsantritt zur Sache, ließ alles katholische Vermögen konfiszieren. Kirchen und Klöster wurden von Schätzbeauftragten besucht, die kostbare Kirchengeräte, Meßgewänder, vor allem Geld an sich nahmen. Daß die Herren sich ein saftiges Stück vom fetten Braten abschnitten, ehe sie ablieferten, verstand sich von selbst. Es kam zum gewaltigsten Kirchenraub der deutschen Geschichte, ausgeführt unter dem Vorwand der Reformation. Das Unternehmen lohnte sich, denn der klösterliche Besitz betrug immerhin ein Drittel der gesamten Landesfläche, darunter bester Boden. Eine unrühmliche Rolle spielte Luther, der auf Ennos Bitte ein sehr scharf formuliertes Gutachten schrieb, auf dem dann die neue Kirchenordnung beruhte: Er riet Enno, keine Sekten zu dulden, sondern hart durchzugreifen.

1568 kamen spanische Truppen, um aus Holland geflohene niederländische Soldaten, mit ihnen Tausende friesischer Verteidiger, niederzumachen; als sie nach Brandschatzungen, Metzeleien, unzähligen Vergewaltigungen mit einer Kriegsbeute von fast 20 000 Rindern abzogen, folgte ihnen die Pest, die sich besonders in Emden austobte. 1570 zerriß die Allerheiligenflut die Küste von Schleswig bis nach Holland. Eine weit schlimmere Pestwelle folgte 1597, die sich in ganz Ostfriesland ausbreitete. Die Lambertiflut, ein Orkan nie zuvor erlebten Ausmaßes, riß mit einer gewaltigen Sturmflut sämtliche Deiche weg.

Kriege, Seuchen, Katastrophen

Mochten einfältige Naturen das Land der Friesen auch als letzten Winkel des Kontinents verspotten, militärtaktisch war diese Region stets von Bedeutung: Wer an der Küste das Sagen (und die Häfen) hatte, kontrollierte See- und Landwege nach Süden, Westen, Osten. So blieben die Friesen auch danach vor keiner Katastrophe verschont. Ob in Prag 1618 kaiserliche Statthalter aus dem Fenster stürzten, ob in Frankfurt Ferdinand II. 1619 neuer Kaiser wurde, der »zufällig« Protestanten nach besten Kräften verfolgte – Friesland war in allen (Un-)Fällen der Politik zumindest europäischer Truppenaufmarschplatz. Die Spanier rüsteten gegen die Niederlande, also hatte man ein holländisches Schutzheer zu dulden, es durchzufüttern, Plünderungen hinzunehmen. Der Dreißigjährige Krieg bedeutete: französische Truppen, neue Pestepidemien (1623), Besatzung durch Tillys Soldaten, Braunschweiger Marodeure – und wieder Gegenwehr der Friesen, die in 14 Monaten mehr als ein Fünftel der Gesamtbevölkerung verloren und dazu den Verlust von 50 Prozent der Höfe und Häuser zu beklagen hatten! Den Rest besorgte die Sturmflut 1625. Kein Deich war intakt geblieben. Doch die Kassen waren leer, an Deichbau nicht zu den-

ken, und auch die Feinde, die vom Land her kamen, ließen keine Zeit zum Luftholen: Spanier (1626), Niederländer und wieder Tillys Truppen (1627); 1637 rückten die Hessen ein, um die niederländisch-französisch-schwedische Allianz zu stärken, aber vor allem plünderten sie das Land aus, und das 13 Jahre lang!
Als 1648 in Münster der Westfälische Friede den Dreißigjährigen Krieg beendete, wurde Ostfriesland ausdrücklich mit eingeschlossen, obwohl es offiziell zwar niemals »umkämpftes« Gebiet, dafür aber immer Schlachtfeld gewesen war. Die Generalstaaten der Niederlande erkannten Ostfriesland als neutral und unabhängig an. Dafür kam die nächste Sturmflut und kurz darauf der englisch-niederländische Krieg, in dem beide Seiten die ostfriesische Neutralität mißachteten. 1682 schwang sich Friedrich Wilhelm von Brandenburg zum Schutzherren der Friesen auf; natürlich nur, um im Westen zumindest einen großen Nordseehafen zu erobern, nachdem ihm eben Stettin und Vorpommern abgejagt worden waren. Seine übrige Flotte brauchte Emden als Ausgangspunkt der Afrikanischen Handelskompanie. Die Friesen genossen es, einen neuen Protektor im Land zu haben und an der Küste einen geschäftstüchtigen Großen Kurfürsten, der sie an den hoffentlich gewinnträchtigen Touren entsprechend beteiligen würde. Doch sein Nachfolger Friedrich I. war 1720 gezwungen, die verschuldete Westafrikanische Compagnie samt Besitzungen in Afrika einer holländischen Gesellschaft zu verhökern – für »7200 Dukaten und 12 Neger«. So endete der erste Versuch kläglich, in Afrika Kolonien zu erwerben.
Dann das Jahr 1715: Eine Rinderseuche tötete 60 000 Tiere. Was überlebte, wurde entweder Opfer der Fastnachtsflut von 1715 oder der Weihnachtsflut 1716. Die Schreckensnacht am 25. Dezember kostete

Die Grabsteine auf den Friedhöfen von Föhr oder Sylt sind oft beredte Zeugnisse von Schicksalen, die eng mit dem Meer verbunden waren.

Zäune oder Portale aus Walknochen vor dem Heimatmuseum von Wyk (oben) verdeutlichen, womit die Inselbewohner ihr Geld verdienten.

etwa 18 000 Menschen und Zehntausende Pferde, Rinder, Schafe und Schweine das Leben. Am 5. September und 17. März 1717 drangen erneut gewaltige Sturmfluten noch tiefer ins Land ein. Die Kosten für Deicherneuerung waren in so schwindelerregende Höhen gestiegen, daß sie von den Friesen alleine nicht bewältigt werden konnten. Schlag auf Schlag des Blanken Hans folgte: In den Jahren von 1719 bis 1725 wurden die Deichprovisorien gleich mehrmals durch Sturmfluten vernichtet.

Preußische Schlichter, dann preußische Richter

Pech, Dummheit oder blinder Egoismus, Schicksalsschläge und Unvermögen liegen oft dicht beieinander. Wenn sie jedoch zeitgleich zusammentreffen, ist das selbst für ein Imperium der Untergang. Hier begann die Phase des Zusammenbruchs mit einem hausgemachten Bürgerkrieg: Die Stände erhoben sich gegen Fürst Georg Albrecht (1723), der ihre Rechte und ihre Eigenständigkeit beschneiden wollte, und der Streit zwischen den großen Städten – Aurich gegen Emden und Emden contra Leer –, die sich auf unterschiedliche Seiten schlugen, entbrannte neu. Bauern der Marsch schossen auf ihre Nachbarn, Friesen auf Friesen. Fast jede Gemeinde formierte eigene Wehren, um die verbriefte ständische Freiheit zu verteidigen. Die einen gingen den Dänenkönig, andere den deutschen Kaiser um Hilfe an. Als 1727 der Kampf begann, platzte dem Kaiser der Kragen. Unter anderem ging an den preußischen König der Befehl, »die ostfriesische Rebellion mit bewaffneter Hand zu dämpfen.« Die Ständemacht zerfiel, viele Menschen mußten fliehen oder wurden verbannt. Nach der bedingungslosen Unterwerfung sprach Kaiser Karl VI. 1731 eine Amnestie aus, erteilte 1732 König Friedrich

Wilhelm I. von Preußen die Belehnungsurkunde. 1740 wurde Friedrich II. preußischer König, nur vier Jahre später starb der letzte Fürst des ostfriesischen Cirksenageschlechts, Karl Edzard. Nach langen Verhandlungen wurde am 11. März 1744 das Sukzessionsrecht Preußens anerkannt. Der Treueeid auf den neuen Herrscher war fällig, ein Schwur, mit dem die preußische Herrschaft begann, die, mit kurzen Unterbrechungen nach der französischen Revolution und nach dem Wiener Kongreß, als Ostfriesland an Holland und Frankreich, später noch ans Königreich Hannover fiel, bis 1945 dauern sollte. Heute gehören die Ost- wie auch die Nordfriesischen Inseln zu Deutschland...

Von der Heringsfischerei zum Walfang

Viehzucht und Landwirtschaft machen heute einen Teil der Einnahmen neben dem Tourismus aus. Diese Einkommensquellen flossen auch in der Blütezeit des Fischfangs, der mal zu großem Reichtum, mal zu großen Katastrophen führte. Dies war zum Beispiel in den ersten Jahrzehnten des 17. Jahrhunderts der Fall, als die Heringsschwärme wegen einer Änderung der Meeresströmung ausblieben.

Als neue Möglichkeit kam ab etwa 1650 der Walfang auf, als hamburgische und holländische Fangschiffe auf »Grönlandfahrt« gingen, was für die seetüchtigen Inselbewohner eine neue Arbeitsmöglichkeit darstellte. Diese Tätigkeit war bis ins 18. Jahrhundert Haupteinnahmequelle fast aller Inselbewohner. Mit dem Walfang war eine neue Zeit angebrochen, die Erträge so enorm, daß man auch hier in Goldgräberstimmung geriet; alles andere, was man davor an Land gebracht hatte, waren kleine Fische gewesen (zumal sich die Borkumer in Seegefilde vorwagten, die andere – angesichts der tückischen, oft lebensgefährli-

chen Seewege bis Grönland und Spitzbergen – mieden). Harte Arbeit und Wagemut wurden schnell mit großem Wohlstand belohnt. Aber mit Einführung des Petroleums statt des Waltrans als Lampenöl versiegte der Reichtum so schlagartig, wie er kam (das Verschwinden der Frauenmode, Korsette aus Fischbein zu tragen, soll ebenso dazu beigetragen haben).

1851 riet der Schriftsteller Theodor Mügge geradezu prophetisch: »Legt Seebäder an, und eure Möwen und Seeschwalben werden goldene Flügel bekommen!« Bis erste Badekarren vor Westerland an den Strand geschoben wurden, vergingen vier Jahre, bis zum echten Aufschwung allerdings noch Jahrzehnte. So trennte man sich von großer Seefahrerzeit, wie man sich schon im 18. Jahrhundert von Insel- und Strandgutfischerei verabschiedet hatte, um sich dem Walfang zu verschreiben. Was damals an Land geholt werden konnte, wurde bis zum letzten Knochen verwendet: Noch heute kommt man an schmucken Häusern vorbei, deren Zäune aus Kinnladen und Rippen einstiger Beute bestehen.

Über die Geburt des Tourismus widersprechen sich die Annalen. Man hört, schon 1830 seien erste Badebesucher erschienen, andere nennen das Jahr 1850.

Den Dänen war Seebaden anfangs egal, erst die Preußen betrieben »Fremdenverkehr«; schon um 1900 gab es dreistöckige Hochhäuser auf Sylt in Strandnähe – den Bauern und Fischern um Westerland ein Vorgeschmack dessen, was auf sie zukommen sollte, besonders ab 1927, als der Hindenburgdamm »die Insel« mit dem Festland verband und täglich Züge über den Damm rumpelten – eine echte Sensation: Bahnfahren über Watt und Wasser hinweg! In den frühen Badestrandtagen gab es keinen Krieg der Strandburgschaufler, man betrieb Konversation an den Promenaden, statt über die Schutzfaktoren der Sonnenöle oder das Ozonloch zu streiten, nahm »ein gutes Buch« mit, und kein Strandbediensteter des Fremdenverkehrszentrums mußte abends Zeitungsfetzen und Müll aufsammeln.

Außerdem stürzte man nicht kopfüber in die Wogen, man mietete eine Badekarre, die dann an den Rand des Strands gerollt wurde, so wie an den Stränden heute Strandkörbe geordnet werden. Die Badekarre ließ man gerade so weit ins Wasser schieben, wie man Lust hatte, naß zu werden. Bei Flut war es kein Problem, sie ein paar Meter zurückzuziehen. Wer wollte, konnte so mitten im Wasser sitzen und dennoch trockene Füße behalten. Man hatte alles in Reichweite – und Ruhe vor neugierigen Nachbarn oder plärrenden Gören. Wer sich Bilder dieser Badekarren ansieht, stellt fest, wie »fast komplett« angezogen man bis in unser Jahrhundert hinein am Strand war. Es galt, bloß nicht braun zu werden, vornehm blaß war »in«, wie unter anderem bei Thomas Mann nachzulesen ist.

In etwas mehr als 100 Jahren hat die »Kultur des Badens« viele Wandlungen erfahren: von der Badekarre bis zum FKK-Strand – an den Stränden Sylts ließ sich der jeweilige Trend oft zuerst ablesen.

Gesunde Ferien an der Nordsee

So umstritten das Sonnenbaden heute in Zeiten des Ozonlochs und des drohenden Hautkrebses ist, so sicher ist – seit Jahrtausenden – die heilende Wirkung des Bades im Meer.

Die Redewendung, sich »wie ein Fisch im Wasser« wohlzufühlen, hat gerade auf den Inseln ihre Berechtigung, wo zur wohltuenden Wirkung des Salzwassers medizinisch gesicherte Heilkräfte des Reizklimas treten. Hier sind die Temperaturen nämlich im Tages- wie im Jahresverlauf sehr ausgeglichen, und die Seewinde sind dem Wohlbefinden sehr zuträglich. Erst seit Beginn des 19. Jahrhunderts weiß man – medizinisch gesichert – um die Heilkraft des Nordseeklimas. Mediziner unterscheiden zwischen dem »Schonklima« an der Nordseeküste und auf den Inseln (betreffend Schadstoffen und niedriger Pollenbelastung) und dem oft zitierten Reizklima, das sich zusammensetzt aus den Faktoren Wind, Sonneneinstrahlung, Jod- und Meerwasser(salz)-Gehalt.

Allen Urlaubern, Kurgästen und Badetouristen, die dieses Klima nicht kennen, empfiehlt man eine Eingewöhnungszeit (einige Tage), besonders aber bei älteren und alten Menschen und Kindern kann diese Phase bis zu zwei Wochen dauern! In dieser Eingewöhnungsphase sollte man auf seinen Körper hören, Ruhezeiten einlegen, wenn der Organismus danach verlangt, und berücksichtigen, daß das Reizklima zwar zu besonders ausgiebigen »Freiluft«-Touren einlädt, danach der Körper aber seine Zeit zur »Verarbeitung« dieser Reizkomponenten benötigt. Erst wenn sich der Körper an dieses Klima gewöhnt hat, setzt er die angebotenen Schon- und Reizklimakomponenten in »Erholung« um. Die Mediziner führen hier den bewährten alten Grundsatz ins Feld, der aus den Erfahrungen mit der Meeresheilkunde stammt und kurzgefaßt lautet: Man beginne vorsichtig und langsam, steigere bewußt täglich ein wenig, aber stetig und führe diese Steigerung dann intensiv fort...

Wer nach Luft- oder Seebädern fröstelt, sich erschöpft fühlt oder etwa starken Schüttelfrost bekommt, sollte in den kommenden Tagen lieber längere Strand-, Dünen- oder Wattspaziergänge unternehmen und direkte Sonnen- und Wasserbäder meiden, bis sich Kreislauf und Herz an die außergewöhnliche klimatische Reizung gewöhnt haben.

Als ideal wird Ihnen jeder Arzt dieses Klima empfehlen, wenn Sie an (chronischen) Erkrankungen der Atemwege, an Hautkrankheiten oder an erhöhter Neigung zu Infektionen neigen, aber auch bei Hormon-Mangelerscheinungen, allgemeinen Kreislaufstörungen oder den Funktionsstörungen des vegetativen Nervensystems. Positiv sind die hohe Staub- und Keimfreiheit der Seeluft, die heilend und lindernd auf angegriffene Schleimhäute der Luftwege, der Bronchien und Lungen sowie auf Patienten mit akuten Herz- und Hormonstörungen und akuten Infektionskrankheiten wirkt. Ähnliches vermögen die besonderen chemischen Eigenschaften der in ihr enthaltenen Spurenstoffe (Meeresaerosole) und die »Streustrahlung«, eine verstärkte direkte Sonnenstrahlung mit einem relativ hohen UV-Anteil.

Die Meeresluft ist – gerade in unmittelbarer Brandungsnähe – angereichert mit kleinsten Salzpartikeln (Meerwasser enthält eine der natürlichsten Lösungen mit reichhaltigen Mineralien und Spurenelementen), die über die Atmungswege als Aerosole direkt in den Organismus gelangen und dann »körperweit« aktiv werden.

Daneben gibt es die meist bekannten medizinischen Bäder, sowie die Möglichkeit zu Inhalation, Bestrahlung, Massagen, Schlick- und Fangopackungen, Meerwasserinhalationen und kalten Meeresbädern (die die Stoffwechselvorgänge unterstützen und abhärten) oder warme Meerwasser-Sol-Bäder, die entspannend auf das Nervensystem wirken und bei rheumatischen Beschwerden Linderung bringen.

Der »Kurlaub« ist also eine Mischung aus Kur und Urlaub, aus Entspannung und Bewegung, Sonne und See-Reiz- bzw. Schonklima. Urlaub an der Nordseeküste oder speziell auf den Inseln bietet eine besonders nachhaltige Möglichkeit zum Tanken mit neuer Energie. Hier können Sie

Die Pflanzenwelt der Inseln ist abwechslungsreich: Kiefernwälder (oben) sind eher selten, Sträucher wie Hagebutte oder Sanddorn (links oben und unten) können sich im ständigen Wind besser behaupten. Im Watt (links, Mitte) wachsen vor allem salzertragende Pflanzen. Fasane (oben) sind eher selten geworden, da sich ihre Lebensbedingungen durch Unkrautvertilgungsmittel und Düngung nach und nach verschlechtert haben.

Zu den interessantesten Seevo-gelarten gehört der schwarz-weiß gefiederte Austernfischer, der oft in unüberschaubaren Schwärmen auftritt.

»kneippen«, Ruhe, Erholung und Bewegung miteinander in Einklang bringen und ganz nebenbei eine Luft genießen, »die man trinken kann«.

Das Meer in der Literatur

Die Nordsee ist für seine Anwohner und Gäste ein Quell der Gesundheit; selbst Krankheiten werden mit Meerwasser geheilt. Von Einheimischen wird auch empfohlen, beim Baden einige Schluck davon zu trinken, denn nichts ist dem eigenen Blut verwandter. In einem Gästeprospekt wird diese Philosophie zusammengefaßt: »Alles ist aus dem Wasser entsprungen und alles wird durch's Wasser erhalten – Ozean, gönn uns dein ewiges Walten.«

Diese positive Einstellung zum Meer war nicht immer so ausgeprägt. An dieser Stelle nur ein paar Gedanken zur Entwicklung der Beziehung Mensch und Meer.

Plinius der Ältere berichtet um 50 n. Chr. mit einer Mischung aus Faszination und Schaudern vom »ewigen Streit der Natur um eine Gegend, von der es zweifelhaft ist, ob sie zum Land oder zum Wasser gehört«. Henrik Ibsen (1828-1906) ließ in seinem Drama »Die Frau vom Meer« das Schrecklich-Schöne und zugleich das Bedrohlich-Anziehende einfließen: Die Tochter des Leuchtturmwärters, Ellida, seine Titelheldin, heiratet einen biederen Bezirksarzt, zieht mit ihm vom Meer weg in einen tristen Fjordflecken, wo ihr sogar das Wasser »lauwarm und leblos« vorkommt – so wie ihre Ehe –, während das richtige Meer in der Ferne weiter in ihr rumort: »Es zieht und lockt und treibt mich ins Unbekannte«. Heimweh nach dem Meer, vor dem es ihr zugleich graust bis tief in die Seele.

Bereits mehr als vierzig Jahre zuvor hatte sich der Däne Hans Christian Andersen (1805 – 1875) mit dem Phänomen der Meerjungfrau beschäftigt. Die herb-faszinierenden Eindrücke seiner Reisen an die Nordsee hatten ihn ebensowenig losgelassen wie die zahllosen Märchen, die er in seiner Kindheit auf Fünen gehört hatte. So schrieb er das dramatische Gedicht »Agnete und der Meermann« als Vorstudie zu seiner weltberühmt gewordenen »Meerjungfrau«, nur daß hier die Rollen umgedreht sind: Agnete, auf die das Meer eine seltsam gefährliche Anziehungskraft ausübt, folgt einem Nöck in die Unterwasserwelt. Und auf seinen Reisen packte auch Andersen immer wieder das Heimweh nach der See: »Nach dem endlosen blauen Meer (im Norden) mit seinen schwimmenden Inseln; ohne dieses Meer kann ich nicht leben, ich bin daran gebunden wie Agnete, meine arme, im Stich gelassene Agnete.« Literatur über Seelandschaften sind oft zugleich Porträts von Seelenlandschaften: Küsten, Inselstrände als Grenzen, an denen sich Seelenzustände offenbaren: zwischen der Strandsehnsucht und der Phobie vor dem Abgrund der angsteinflößenden, furchterregenden Unendlichkeit der Tiefe; der einladende, sich immer wieder erneuernde Strand, der bis ins 16. Jahrhundert als »Schlamm der Sintflut« beschrieben wird: Wer die »fließende Grenze« freiwillig überschreitet, gerät in die grausamen Fänge bedrohlicher Urnatur, wo das Gericht der »Erbsünde« auf den Menschen wartet! Erst um 1800 setzt der romantische See- und Strandtourismus ein, man genießt das entspannende Bad, Sich-Tummeln in der Brandung, selbstvergessen mit lustvoll-neugierigem Körpergefühl.

Aus dem drohenden Element wird eine reizvolle Landschaft, aus dem alles verschlingenden Meer eine »Quelle poetischer Erbauung«, Wasser zum Spiegel der (Selbst-)Erkenntnis, Brandung zur beruhigenden Melodie.

Kaum poetisch-feinsinnige Empfindungen wird jedoch entwickeln, wer die Geschichte »Leiden des Frühlings« liest, in der uns Hans Henny Jahnn den Sturm unvergleichlich plastisch miterleben läßt: »Vergehen in Schwärze, in Feuchtigkeit. Die Finsternis wurde Lärm, Geister erwachten, die alten Götter, Gespenster nur, ohne die Macht zum Segen, Kraft nur zum Peinvollen, Leidbereitenden. Meer und Erde flossen ineinander. Sturm, Gischt, Heulen, Nebel, Hagel, rasendes Sprühen. Da, wo der Tod einschlug, ging es wie mit eiserner Gesetzmäßigkeit zu... «

Wer die See, die »launische Wilde«, zur Sommerfrische besucht, kennt nur die Schokoladenseite: still-gemütlich; Ebbe, kaum Wind; da bringt Goethe Zeilen zu Papier wie: »Tiefe Stille herrscht im Wasser, ohne Regung ruht das Meer«.

Als Thomas Mann 1934, an Bord eines »behäbigen Holländers«, die erste Fahrt nach Amerika erlebte, erfuhr er den grandiosen Unterschied der Meere. An der Ostsee aufgewachsen, »einem provinziellen Gewässer« – ein See im Vergleich zu diesem

»Lange Anna« heißt der berühmte Fels an der Nordküste von Helgoland, der durch die Erosionskraft des Wassers entstanden ist.

Meer! Noch einmal besucht er 1939 Europa, bevor die »politische Springflut« einsetzt, fährt an die Nordseeküste, die »noch leer und geräumig« ist: »Mein Arbeitsplatz, der herrlichste, den ich kenne, liegt einsam. Aber wäre er auch belebter, das isolierende Getöse der Brandung, die schützenden Seitenwände des Strandkorbes, dieses von jung auf vertrauten, eigentümlich bergenden Sitzgehäuses, würde keine Störungen aufkommen lassen. Einen passenderen Platz gibt es nicht zu meinem Vorhaben!«

Die friesische Sprache

Die friesische Sprache ist eine am ehesten dem Englischen verwandte westgermanische »Mundart«, die aber sehr unterschiedliche Dialekte aufweist. Nordfriesisch pflegen rund 25 000 Leute auf Föhr, Amrum, Sylt sowie einige Küstenfriesen zwischen Tondern und Husum, im alten westlichen Nordschleswig. Nur zu natürlich, daß sich im Lauf der Jahrhunderte holländische,

Sonnenuntergang am Horizont, davor das ruhig daliegende Meer – ein unvergeßliches und beschauliches Naturerlebnis.

Nachdem das Friisk auszusterben drohte, wird es nun inzwischen als freiwilliges Zusatzfach in Nordfriesland angeboten, Erwachsene können die Sprache an der Volkshochschule auf den Inseln erlernen. Friesisch kann inzwischen auch an der Universität Kiel und an der Pädagogischen Hochschule Flensburg studiert werden.

Friesische Sitten und Bräuche

Wer auf den Inseln am 21. Februar Urlaub macht, erlebt den Petritag, den Ehrentag der Fischer mit, an dem man die Biike verbrennt – eine alte Seemannstradition, die auf heidnische Bräuche zurückgeht, mit denen damals ein Opfer für den Gott Wotan dargebracht wurde, um dessen Zorn zu besänftigen. Die Biike ist ein Holzstoß, der aus zusammengetragenem Strandgut besteht. Man feiert beim Petritanz, begleitet vom Grünkohlessen mit Pinkel. Ab dem 17. Jahrhundert bekam das Biike-Brennen ein christliches Mäntelchen, getarnt als Signalfeuer für die Walfänger, als Abschiedsfeuer für überstandene Winter und Abschiedsfest für die Walfänger, die in eine ungewisse Zukunft auf See ausliefen und dann mehrere Monate unterwegs waren.

Die Lieblingsbeschäftigung der Ostfriesen in der kalten Jahreszeit ist das Boßeln, bei dem eine Kugel aus Holz oder Gummi möglichst weit entlang einer gesperrten Landstraße geworfen wird; dort, wo sie liegenbleibt, wird sie vom nächsten Mannschaftsteilnehmer aufgenommen und weitergeworfen. Das Team gewinnt, das mit den wenigsten Würfen eine bestimmte Strecke schafft. Daneben ist auch das Klootschießen sehr beliebt, das auf überfrorenen Weiden stattfindet. Dabei wird eine mit Blei ausgegossene Holzkugel von einem Absprungbrett in die Luft geschleudert; die Champions unter den Werfern befördern die Kugel über 100 Meter weit

dänische und (platt-)deutsche Einflüsse in diese Urdialekte mischten. Regional hat sich – speziell auf den Inseln, wie zum Beispiel Helgoland – eine zum Teil wunderliche Sprachmischung ergeben, die Besucher vor Verständigungsschwierigkeiten stellt. Im »Helgoländer Magazin« kann man sich Eindrücke dieser »exotischen« Hoelluner Sproek verschaffen.

Das ostfriesische Platt der Insulaner ist dagegen eine Variante des Niederdeutschen, was den wenigsten Inselgästen bekannt ist. Bis zum 16. Jahrhundert sprachen auch die Ostfriesen friesisch, nahmen dann aber immer mehr das Niederdeutsch der Hansestädte an. Das heutige Platt, das auf jeder Insel etwas anders klingt, wird von den Einheimischen nach wie vor gesprochen, dieser Dialekt scheint sogar im Aufschwung zu sein.

Von 150 000 Nordfriesen zwischen Tondern und Eider plus den Inseln bezeichnen sich 60 000 als gebürtige Friesen, aber nur noch 10 000 sprechen »ihre Sprache«.

durch die Luft. Ausgetragen werden Wettkämpfe in dieser Disziplin meist zwischen einzelnen Dörfern; das Spiel genießt in Varianten in allen Ländern rund um die Nordsee allgemein große Beliebtheit.

Der Nationalpark Wattenmeer

Das Wattenmeer ist ein weltweit so einzigartig beschaffenes Feuchtgebiet, das verhältnismäßig so geringe Veränderungen durch den Menschen erfahren hat, daß 1985 in den beiden Nationalparks »Schleswig-Holsteinisches Wattenmeer« und »Niedersächsisches Wattenmeer« 1986 eine Fläche, die Wattengebiete, Inseln sowie Deichvorländereien von etwa 500 000 Hektar Größe umfaßt, unter Schutz gestellt wurde. 1990 gesellte sich der rund 12 000 Hektar umfassende Nationalpark »Hamburgisches Wattenmeer« hinzu, so daß jetzt die gesamte deutsche Wattenlandschaft eine besondere naturschützerische Bedeutung besitzt. Innerhalb dieser Gebiete werden Schutzzonen verschiedener Kategorien ausgeschieden. Schutzzone I, die strengste Kategorie, dürfen zum Beispiel nur Berufsfischer betreten, die anderen Besucher müssen sich an die vorhandenen Wege halten; hier sollen die Tiere ungestört leben können.

Die ökologische Bedeutung

Was ist der Grund für diese Entscheidung? Das Wattenmeer hat eine Zwitterstellung zwischen Meer und Land. Die hohe biologische Produktion dieses Übergangsbereiches ist die Grundlage seiner ökologischen Schlüsselfunktionen. Das organische Material, das hier in hohem Maße angesammelt wird, steht als Nahrungsgrundlage für Plankton zur Verfügung, das wiederum die Nahrung für Millionen von Watt- und Wasservögeln der nördlichen Erdhalbku-

gel, aber auch ökonomisch bedeutende Nordseefische wie Scholle und Seezunge ist, die in ihrem Bestehen auf dieses Gebiet angewiesen sind. Gleichzeitig wirkt es als »Sinkstoff-Falle«, die das Wasser der südlichen Nordsee reinigt.

Die Zahl der hier ständig lebenden Tierarten ist nicht besonders groß. Pfeffer-, Sandklaff- und Miesmuscheln findet man in riesigen Mengen, daneben Strandschnecken, die bekannten Wattwürmer und Strandkrabben. In den Prielen, das sind Gräben im Wattenmeer, die bei Ebbe nicht ganz austrocknen, finden sich Nordseegarnelen und Krebse und nicht zuletzt die allseits bekannten Seesterne. Dieses reiche Angebot nutzen zahllose Seevögel wie Seeschwalben und Möwen sowie Wattvögel wie Regenpfeifer und Wiesenpieper, die hier riesige Brutkolonien bilden. Ein weiteres Beispiel: Der Knutt, ein Vogel, der aus seinen Brutgebieten in Nordkanada und Sibirien nach einem langen Flug völlig ermattet die Nordsee erreicht, nimmt aus dem unerschöpflichen Nahrungsreichtum der Watten so viel Nahrung auf, daß er weitere 4000 Kilometer zum nächsten Rastplatz fliegen kann. Er ist hier zeitweise mit bis zu 400 000 Exemplaren vertreten.

Das Watt umfaßt vielfältige Lebensräume: ständig wasserführende Seegats, Baljen, Priele und Rinnen, die Salzwiesen der Deichvorländereien, Schlick-, Sand- und Mischwatt und die verschiedenartigen Inseln mit Strand, Dünen und Dünentälern. Die hier vorkommende Pflanzen- und Tierwelt hat sich den extremen Bedingungen durch ständigen Wechsel von Salzwassereinfluß und Trockenheit angepaßt. Zweimal täglich läuft das Wasser bei Ebbe über die Priele ab und strömt bei Flut wieder auf die Watten. Der hohe Salzgehalt ermöglicht nur einigen darauf spezialisierten Pflanzenspezies ein Leben, der weiche Sand ist nicht geeignet, um darin Wurzeln

zu schlagen. Zu den wenigen, die es hier aushalten, gehören das Salzkraut, Grünalgen und am Rande des Watts das Seegras. Auch Tang kommt vor, dessen zahlreichen Arten heilende Wirkung nachgesagt wird.

Doch es gibt auch Negatives zu berichten, fast unlösbare Probleme treten auf: Immer noch versetzen Tiefflieger der Bundeswehr die brütenden Seevögel in helle Aufregung, immer noch ist die Verklappung von Dünnsäure in der Nordsee üblich, noch immer bringen die Flüsse Rhein und Elbe Tonnen von Industrieabwässern täglich in die Nordsee und damit auch ins Wattenmeer. Auch Erdölförderung und zu starke Schafbeweidung der Vorländereien, die zu einer starken Düngung des Bodens führt, gefährden diese einzigartige Landschaft.

Angesichts des steigenden Umweltbewußtseins in der Bevölkerung wächst auch das Interesse der Menschen an Urlaub in abwechslungsreicher und intakter Natur. Daher ist es natürlich und nur zu logisch für die Einheimischen, daß man den Gästen diese Schutzzonen nahebringt, aber auch erwartet, daß sie sich zivilisiert benehmen. Im Rahmen eines Nationalparks kann dem Informationsbedürfnis am besten nachgekommen werden. So finden auf allen Inseln Führungen und Umweltseminare zum Thema »Sanfter Tourismus« statt. Auf Tafeln und über Videofilme werden Einheimische und Touristen informiert. Mit ein wenig Interesse und Neugier kann man hier selbst Zeuge unseres gegenwärtigen Prozesses jener spannenden und leider auch gefährlichen Gratwanderung zwischen Ökonomie und Ökologie werden; hier finden viele erstmalig Antworten auf die meist ignorierte Frage, wie intakt oder bedroht das Meer ist – und damit unsere Nahrungskette, denn eines steht fest: Nichts ist so vernetzt wie das Leben des Menschen mit dem Leben der Tier- und Pflanzenwelt hier draußen.

Die 4,5 Kilometer lange
und 25 Meter hohe Steil-
küste zwischen Wenning-
stedt und Kampen ist
unter dem Namen »Rotes
Kliff« bekannt. Der
ursprünglich graue Lehm
hat im Laufe der Erd-
geschichte durch das
darin enthaltene Eisen-
oxid eine gelbrötliche
Färbung angenommen.
Das Kliff, eine Natur-
schönheit besonderer Art,
steht unter Naturschutz.

Nachfolgende
Doppelseite:
Bereits 1855 wurde mit
Westerland auf Sylt das
erste Nordseebad eröff-
net. In dem eleganten
Kurort wird Sport großge-
schrieben. Baden und
Schwimmen stehen
natürlich an erster Stelle,
bei kaltem Wind zieht
man sich zum Sonnen-
baden in den Strandkorb
zurück.

Dieser etwa 100 Jahre alte Leuchtturm steht auf Sylts nördlichstem Küstenabschnitt, dem »Ellenbogen«. Der etwa 16 Quadratkilometer große Halbinselbogen befindet sich seit rund 250 Jahren im Privatbesitz zweier Familien.

Beim Blick in die Weite scheinen Himmel und Meer manchmal miteinander zu verschmelzen. Der idyllische Platz am Ellenbogen birgt allerdings auf den ersten Blick nicht sichtbare Gefahren: Schwimmen ist hier aufgrund der Strömungsverhältnisse strengstens verboten.

Radwandern ist auch auf
Sylt eine beliebte Freizeit-
beschäftigung, wenn-
gleich der ständige Wind
manchmal lästig sein
kann. Wer sich ein Rad
mieten will, hat an vielen
Verleihstellen auf der Insel die Möglichkeit dazu.

Auch Hörnum auf Sylt
hat vor seiner Haustür
prächtige Sandstrände.
Das Angebot an organi-
sierten sportlichen
Unternehmungen ist
groß, manchmal findet
sich aber auch spontan
eine Gruppe zum Strand-
Boccia zusammen.

Nachfolgende
Doppelseite:
Ein Bebauungsstatut aus
dem Jahr 1913 besagt,
daß in Kampen Neubau-
ten nicht höher als acht
Meter sein dürfen und
das Dach mit Reet
gedeckt sein muß. Durch
diese Verordnung blieb
der Ort von groben
Bausünden verschont.
Hier Haus Kliffende am
Roten Kliff.

Liebevoll wurden in Keitum die Häuser und Vorgärten gestaltet. Das gemütliche Bauerndorf hat es verstanden, seinen altüberlieferten friesischen Charakter zu erhalten, und gilt deshalb heute als Deutschlands schönstes Friesendorf und »Perle des Wattenmeeres«.

*Das heute als Heimat-
museum genutzte »Alt-
friesische Haus« in
Keitum aus dem Jahr
1739 war früher die
Wohnung des Sylter
Lehrers und Chronisten
C. P. Hansen. Heute
kann hier die für Friesenhäuser typische Wohn-
kultur aus dem 17. und
18. Jahrhundert – zum
Beispiel eine im bäuer-
lichen Rokoko
gestaltete Schlafstube -
besichtigt werden.*

Die alte Seefahrerkirche
St. Severin in Keitum ist
ein spätromanischer Bau
aus dem 13. Jahrhundert.
Die 1580 gefertigte
Renaissancekanzel
nimmt viel Platz im
Innenraum ein. Interes-
sant ist die Darstellung
der Justitia, der Göttin
der Gerechtigkeit, die hier
nicht wie üblich mit
Augenbinde, Waage und
Schwert, sondern mit
blutendem Herzen
dargestellt ist.

Nachfolgende
Doppelseite:
Das stärkste Hauptfeuer
an der deutschen Nord-
seeküste wird vom
54 Meter hohen Leucht-
turm in Hörnum ausge-
sandt. Der Koloß ist seit
1907 in Betrieb und
mit über 90 Tonnen
Gußeisen verstärkt.

49

50

Wie die meisten Ort-
schaften auf den Inseln
ist auch Wrixum stark
landwirtschaftlich
geprägt. Heute werden
die Pferde allerdings aus-
schließlich für den Reit-
sport gehalten.

Mehr als 50 Kilometer
Reitwege finden sich auf
Sylt. Schöne Pfade führen
durch Marsch- und
Heidelandschaften, aber
auch Küste und Watt
können streckenweise zu
Pferd betreten werden. Im
Hintergrund der Leucht-
turm Kampen.

Kapitänshäuser aus dem 17. und 18. Jahrhundert, von üppigen Gärten umgeben, ducken sich in Nieblum auf Föhr unter alten Baumkronen. Bei einigen Bundeswettbewerben wurde die Ortschaft schon als schönstes Dorf Deutschlands ausgezeichnet.

Nachfolgende Doppelseite:
Täglich fangfrisch: Krabben, Makrelen und Schollen. Touristen können vom Wyker Fischereihafen aus an diesen Fahrten teilnehmen und sich im Hochseeangeln versuchen.

Auch bei Nacht und
Nebel weist das weithin
sichtbare Querfeuer in
den Dünen von Amrum
den Schiffen den rich-
tigen Weg.

Reich beflaggt präsentiert
sich die Mittelbrücke
am Oststrand von Wyk
auf Föhr.

Kunstfreunde kommen auf dem historischen Friedhof der St.-Clemens-Kirche in Nebel auf ihre Kosten. Die Inschriften auf den Gräbmälern lesen sich wie eine Inselchronik. Zwischen ornamentalem Schmuck aus der Zeit des Rokoko tauchen immer wieder Dreimastsegler als Bildmotive auf.

Den »Mallnberrag«, wie die Bewohner von Nebel auf der Insel Amrum ihren Mühlenberg bezeichnen, krönt eine sogenannte Erdholländermühle aus dem Jahr 1771. Bis 1964 war sie in Betrieb, heute ist hier ein Heimatmuseum eingerichtet.

*Nachfolgende Doppelseite:
Der Kniepsand war ursprünglich eine Amrum vorgelagerte Sandbank, die nach und nach an das Westufer der Insel herangeschoben wurde. Erst im 18. Jahrhundert kam es zur Verschmelzung von Sandbank und Insel.*

Als 1825 der dänische
König Friedrich V. die
Hallig Hooge aufgrund
schlechter Wetterverhält-
nisse nicht verlassen
konnte, mußte für Seine
Hoheit eine adäquate
Schlafstätte gefunden
werden. Untergebracht
wurde er im »Hanseschen
Haus« mit seinen präch-
tigen Kachelbildern und
einem sehenswerten
gußeisernen Ofen.

Einen Besuch lohnt auch
die einschiffige Kirche
auf Hooge aus dem Jahr
1637. Neben dem farbig
gefaßten Chorgestühl mit
seinem reichen Band-
und Rankenwerk ist die
verzierte Renaissance-
kanzel (rechts im Bild)
sehenswert.

Nachfolgende
Doppelseite:
Die Halligbewohner
errichteten ihre Häuser
auf künstlich aufgeschüt-
teten Hügeln, auch Warf-
ten genannt. Bei Flut
ragen oft nur noch die
Häuser aus dem Wasser
hervor. Hier die Mayens-
warft auf der Hallig
Nordmarsch-Langeness.

Einer der altfriesischen
Bräuche, der sich bis in
die heutige Zeit erhalten
hat, ist die Vertreibung
des Winters, indem
Strohpuppen verbrannt
werden. Dieses »Biike-
brennen« wird in der Nacht
vom 21. zum 22. Februar
veranstaltet (rechts).
Musikalisch wird das
Fest mit Gesang und
Schifferklavier begleitet
(oben).

So ruhig und idyllisch wie in dieser Abendstimmung zeigt sich die Insel Pellworm nicht immer. Im Laufe der Jahrhunderte wurde sie mehrmals von Flutkatastrophen heimgesucht. Heute schützt ein gewaltiger Steindeich von acht Meter Höhe die Insel.

*Ein Wahrzeichen
Pellworms ist die Turm-
ruine eines eingestürzten
Gotteshauses. Die da-
nebenstehende Salvator-
kirche zählt zu den
ältesten Kirchen Fries-
lands und gehört zur
Gruppe der »Knuts-
kirchen«, die auf Knut
den Großen, König von
Dänemark, Norwegen
und England, im 11. Jahr-
hundert zurückgehen.*

*Der im Jahr 1906 erbaute
Leuchtturm auf Pellworm
ist heute nicht mehr
bewohnt. Seit 1977 wird
die Lichtanlage von einer
Zentrale aus automatisch
gesteuert.*

Von der Wattwanderung heimgekehrt, bietet sich beim Zurückschauen nur der Anblick der allmählich höher steigenden Wassermassen.

Zu den wenigen Pflanzen, die im Watt mit seinem hohen Salzgehalt wachsen können, gehört das Salzkraut, auch unter der Bezeichnung »Gemeiner Queller« bekannt. Es handelt sich dabei um eine Pflanze, die nur aus einem roten Stengel besteht und keine Blätter besitzt.

73

Der berühmte Fels an Helgolands Nordküste gilt als Naturdenkmal: Unter den volkstümlichen Namen »Hengst« oder auch »Lange Anna« fungiert er als Wahrzeichen der Insel.

Schon von weitem erkennt man auf Helgoland das sogenannte Rote Kliff, ein Buntsandstein-felsen, dessen Form sich erst vor etwa 6000 Jahren herausbildete.

*Fischkutter liefern
frischen Fang aus den
Gewässern rund um die
Insel an. Eine Spezialität
auf Helgoland ist der
Hummer, der in kleinen,
im Hafen aneinander
gereihten Häuschen
verarbeitet wird, den
sogenannten Hummer-
buden (oben).*

Die Besucher Helgolands
können mit den großen
Ausflugsschiffen den
Hafen der Insel nicht
direkt erreichen. Börte-
boote übernehmen das
Übersetzen von den
großen Dampfern zur
Anlegestelle (rechts).
Möwen begleiten jede
Fahrt in der Hoffnung
auf ein Stück Brot (oben).

Der 1855 erbaute Leucht-
turm auf Wangerooge
beherbergt heute das
Heimatmuseum für Insel-
geschichte und See-
schiffahrt.

Bei klarer Sicht kann man vom Wangerooger Leuchtturm aus Helgoland im Norden sehen. Durch seine auffällige Farbe dient das Gebäude Seglern und Schiffen auch tagsüber als Peilmarke.

*Das Wattenmeer, eine
ökologisch einzigartige
Landschaft zwischen
Festland und Inseln,
besitzt eine ganz eigene
Flora und Fauna, die sich
im Wechselspiel der Ge-
zeiten behaupten muß.
Hier bei Wangerooge.*

*Wangerooge hatte als
östlichste der ostfriesi-
schen Inseln schon seit
jeher große strategische
Bedeutung. Davon zeugt
unter anderem der
erstmals im Jahr 1597
errichtete Westturm.
Nach der Sprengung im
Jahr 1914 wurde er erst
1932 wiederaufgebaut.*

*Auch auf Spiekeroog ist
die ostfriesische
Tradition des Teetrinkens
lebendig. Beinahe zu
jeder Tages- und Nacht-
zeit genießt der Ostfriese
dieses Getränk, am
liebsten nach einem
Spaziergang an stürmi-
scher See in einer der
gemütlichen Spiekerooger
Teestuben.*

*Spiekeroog hat sich den
ursprünglichen Reiz eines
alten Inseldorfes erhalten
können. Besonders liebe-
voll pflegen die Dorfbe-
wohner ihre kleinen
Vorgärten.*

*Die autofreie Insel
Spiekeroog ist verkehrs-
technisch auch ohne
Benzinkutschen gut
erschlossen: Mit Wagen
der Pferdebahn werden
Besucher vom ehemaligen
Bahnhof zum Westende
befördert.*

*Schon im Jahr 1850
entdeckte ein geschäfts-
tüchtiger Schiffskapitän
die Dünenlandschaft am
Nordstrand Spiekeroogs
für seine Zwecke und
machte sie zu einem
Badeparadies. Gemüt-
liche Strandkörbe bieten
dabei Schutz vor kalten
Windböen und zu
viel Sonne.*

*Bake im Naturschutz-
gebiet am Nordstrand
von Spiekeroog. Ge-
schützt durch einen
breiten Sandstreifen sind
die dicht bewachsenen
Dünen ideale Brutplätze
für seltene Vogelarten.*

Nur hinter schützenden Deichen konnten sich auf Inseln wie Spiekeroog Siedlungen bilden. Die bunten Häuser, die von viel Grün umgeben sind, verheißen die Ruhe, die man sich für einen erholsamen Urlaub auf den Inseln wünscht.

Die beschauliche Ruhe in den gemütlichen Zwei-sitzer-Strandkörben läßt sich besonders in der Vor- und Nachsaison genießen. Die Besucher-ströme der Sommermona-te sind dann noch nicht da oder schon verebbt (oben). Direkt hinter den Stranddünen thront der ehemalige Wasserturm Langeoogs. Heute kann er als Aussichtsturm von Besuchern bestiegen werden (rechts).

Die Fortbewegung erfolgt auf Langeoog sehr umweltbewußt. Die autofreie Insel wird von einem gut ausgebauten Netz an Rad- und Wanderwegen durchzogen.

Dieses Haus auf Langeoog ist der Inseltochter Lale Andersen gewidmet. Die Sängerin erlangte mit ihrem Lied »Lili Marleen« Weltruhm, doch die meisten ihrer Texte handeln von der ostfriesischen Küste, den Inseln und ihren Bewohnern.

Für Gäste und Einheimische veranstaltet die Kurverwaltung auf Langeoog regelmäßig ein Dünensingen. Dieses gemeinsame Musizieren erfreut sich großer Beliebtheit, wenn die Lieder auch oft »vom Winde verweht« werden.

Auf den Krabbenkuttern
werden die gefangenen
Tiere noch an Bord abge-
kocht und an Land
häufig in Heimarbeit
»gepuhlt«, das heißt von
der Schale befreit. Der
»Beifang«, die Fische,
nach denen man eigent-
lich nicht das Netz aus-
geworfen hat, ist eine
weitere Einnahmequelle.

Naturerlebnisse erwarten
den Besucher auf
Baltrum, das auch den
Beinamen »Dornröschen
der Nordsee« trägt. Lau-
ten Urlaubsrummel sucht
man hier vergebens.

Im Jahr 1815 wurde
Norderney Teil des
Königreichs Hannover.
Das Belvedere, Sommer-
sitz des Königs Georg V.,
zeugt vom Prunk jener
Tage (rechts).
Auch die kleinen Gäste
kommen beim Insel-
besuch auf ihre Kosten:
Spielplätze und Schau-
keln gibt es überall
(oben).

Der freistehende Pavillon des »Cafés Marienhöhe« auf Norderney lädt bei Kaffee und Kuchen zu einem Rundblick über die Insel ein.

Norderney hat den Charakter eines renommierten Kurortes bewahrt. Neben dem Strandbad, ein spätklassizistischer Prachtbau, reihen sich entlang der Uferpromenade weitere historische Gebäude aneinander.

*Neben Leuchttürmen
sind vor allem Bojen
wichtige Orientierungs-
hilfen für die Schiffahrt.*

*Während der ständige
Seewind (hier auf Norder-
ney) für die einen ein
Freizeitvergnügen dar-
stellt, ist er für andere
aus therapeutischen
Gründen wichtig. Die
staatlich anerkannten
Heilbäder sind besonders
bei Erkrankungen
der Atemwege
empfehlenswert.*

Die Silbermöwe ist die an der Küste und auf den Inseln am häufigsten vertretene Möwenart. Sie hat einen großen, weiß-gefiederten Rumpf und graue Flügel.

Ein Ausritt an den flachen, endlos erscheinenden Stränden der längsten ostfriesischen Insel Juist ist ein besonderes Vergnügen.

Wind, Sand und Himmel: Die Ostfriesischen Inseln sind ein Paradies für Naturliebhaber und Familien.

Am Ostellenbogen auf Sylt warnt dieser etwa 100 Jahre alte Leuchtturm die Schiffe vor den starken Brandungswellen und schwierigen Strömungsverhältnissen in diesem Bereich.

Die Hauptattraktion der Inseln: Wasser und Himmel soweit das Auge reicht. Deshalb sind auch die Bänke entlang der Strandpromenade, hier auf Borkum, immer besetzt.

Weil der Krabbenfang nicht mehr viel abwirft, ist so mancher Kutterbesitzer dazu übergegangen, am Wochenende Hobbyangler zu den Fanggründen hinauszufahren. Die beste Leckerei aus dem Meer sind dennoch die Krabben geblieben (rechts), die mit einer tüchtigen Portion Rührei besonders gut schmecken.

Im 18. Jahrhundert
begaben sich die
Borkumer Männer auf
weite Seereisen, um beim
Walfang Ruhm und
Wohlstand zu erlangen.
Die alte Seemanns-
tradition lebt heute nur
noch beim Krabben-
fischen vor der heimat-
lichen Küste weiter.

Trotz des technischen Fortschritts im Deichbau bleibt das Meer unbezähmbar und unberechenbar. Auf Pellworm helfen deshalb kleine Leuchtfeuer zur Orientierung.

Nachfolgende Doppelseite: Ständig wechselnde Wolkenformationen bieten vor allem in der Dämmerung ein einzigartiges Bild.

Wattwanderungen sind dem Besucher der Insel unbedingt zu empfehlen. Allerdings sollte man sich nur mit einem kundigen Führer auf den Weg machen, da dieser die Gefahren kennt und den Ausflug durch Erklärungen zur Welt des Wattenmeers am informativsten gestalten kann.

NORDFRIESISCHE INSELN
N
0
10 km
Eisenbahn
Fährlinie
Landesgrenze
Bundesstaatengrenze
Wattweg
Kliff
Vogelkoje
Leuchtturm
Burg
Flugplatz
(Gültig auch für alle weiteren Karten)

DÄNEMARK
SYLT
Kampen
Westerland
Keitum
Rantum
Hörnum
Klanxbüll
Niebüll
Leck
Schafflund
Dagebüll
FÖHR
Nieblum
Wyk
Norddorf
OLAND
Schlüttsiel
Goldelund
AMRUM
Nebel
Wittdün
HABEL
GRÖDE-APPELLAND
Bredstedt
NORDMARSCH-LANGENESS
HAMBURGER HALLIG
NORDSTRANDISCH-MOOR
H A L L I G E N
JAPSAND
HOOGE
NORDEROOG
NORDEROOGSAND
Tammensiel
PELLWORM
NORD-STRAND
Norder-hafen
SÜDEROOG
SÜDFALL
SÜDEROOGSAND
Husum
Mildstedt
Friedrichstadt
Eiderstedt
Tating
Tönning
Eider
Hennstedt
St. Peter-Ording
HELGOLAND
Düne
Nationalpark
Schleswig-
Holsteinisches
Wattenmeer
Wesselburen
Heide
BLAUORT
Büsum
TERTIUS
Dithmarschen
Mel-dorf
TRISCHEN
Friedrichskoog
Deutsche Bucht
SCHARHÖRN
Kaiser-Wilhelm-Koog
Marne
Burg
NEUWERK
Duhnen
Brunsbüttel
Cuxhaven
Elbe
Hamburg

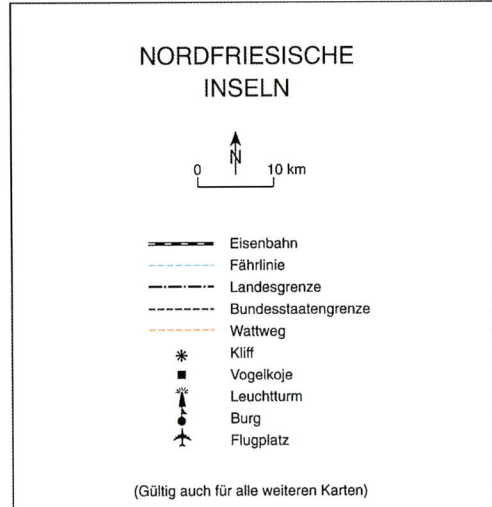

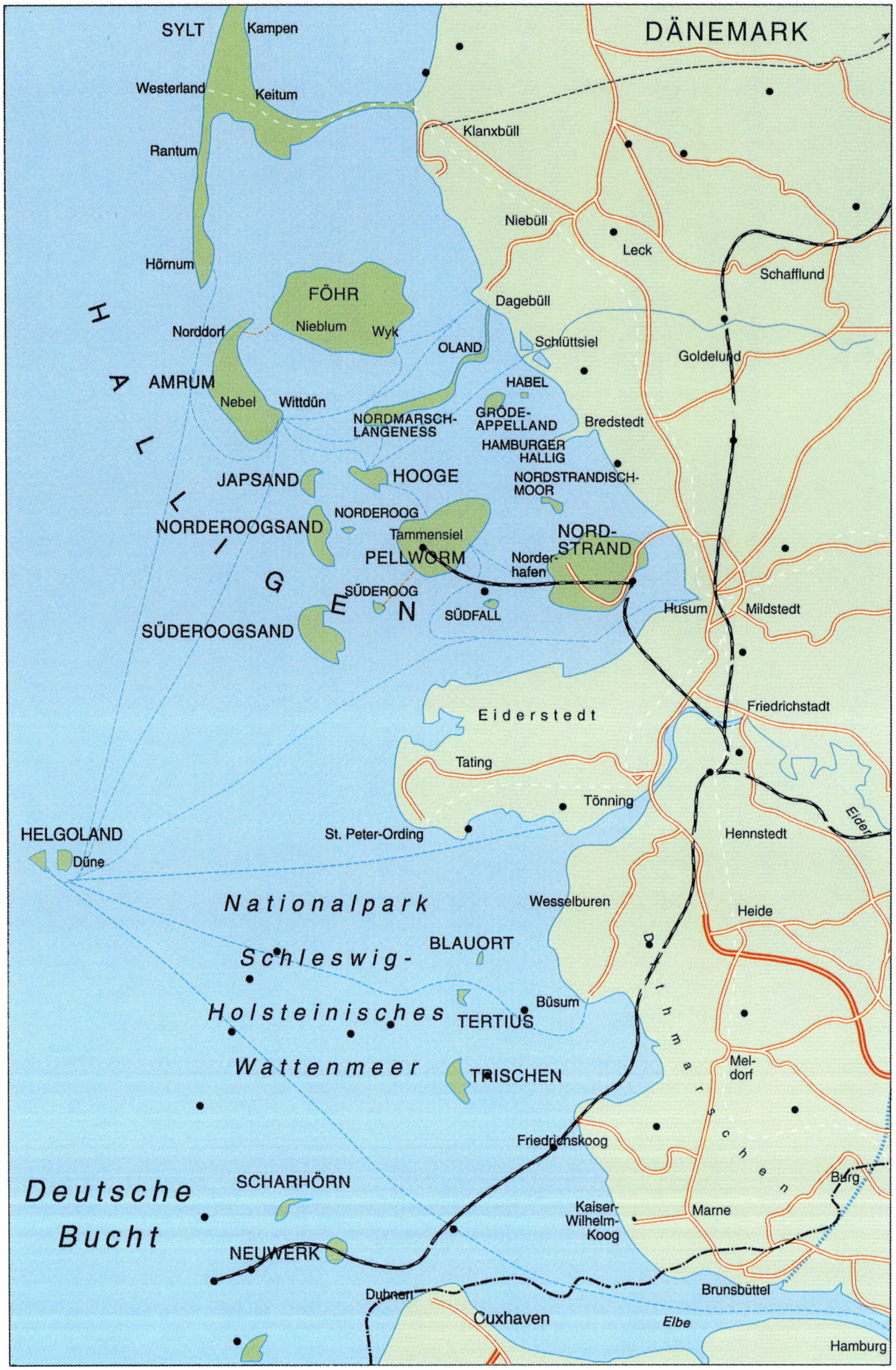

Vor der Nordseeküste

In der Einsamkeit der Dünen liegt dieses reetgedeckte Haus am Ellenbogen, dem Nordende der Insel Sylt.

Die Nordfriesischen Inseln

Im Gegensatz zu den Ostfriesischen Inseln, die wie Perlen an einer Kette vor der niedersächsischen Küste aufgereiht sind, präsentiert sich die nordfriesische Inselwelt als ein »ungeordneter Haufen« westlich des schleswig-holsteinischen Festlandes. Auch die Entstehungsgeschichte der zwei Inselgruppen ist grundsätzlich verschieden. Bei den Nordfriesischen Inseln handelt es sich um mehr oder weniger große Reste eines durch Stürme und Überschwemmungen untergegangenen Festlandes. Vor allem eine gewaltige Sturmflut im Jahre 1362 war es, die den Inseln Sylt, Amrum und Föhr ihre heutige Gestalt gab.

1634 veränderte eine erneute Flutkatastrophe das Aussehen der Landschaft zwischen Föhr und Eiderstedt und zerschlug die damals bestehende wesentlich größere Insel Strand noch einmal. Die Marscheninseln Pellworm und Nordstrand sowie die Hallig Nordstrandischmoor sind die eingedeichten Reste dieser »Urinsel«.

Zu den Geestkerninseln – die also Festlandreste aufweisen – gehören nur Sylt, Amrum und Föhr. Diese Geestkerne, die aus Moränengeschiebe der letzten Eiszeit stammen, sind durch Marschland verbunden, an das sich Dünen anschließen. Marscheninseln und Halligen werden nur nach dem einen Kriterium unterschieden, nämlich ob sie eingedeicht sind oder nicht.

Sylt – die Königin der Nordsee

Sylt ist, neben Helgoland und Norderney, die bekannteste, meistbeschriebene und ohne Zweifel die überlaufenste aller Nordseeinseln. Sie liegt so weit im deutschen Norden, daß ihre Spitze – von Westerland bis List – in dänisches Gebiet hineinragt. Die maximale Nord-Süd-Ausdehnung beträgt fast 40 Kilometer, die größte Breite der Insel etwa 12 Kilometer, die schmalste Stelle mißt nur 700 Meter. Insgesamt ist die Insel 99 Quadratkilometer groß. Sylt besteht fast zur Hälfte aus Dünen, daneben wechseln Strand und Steilküste, Trocken- und Feuchtheiden, Geest und Marsch, Wälder, Parks, Köge, Wiesen und Felder einander ab. Um den ökologischen Wert auf lange Sicht zu erhalten, ist etwa ein Drittel der Fläche als Naturschutzgebiet gesichert, ein großes Teilgebiet der Wattflächen fällt außerdem in den *Nationalpark »Nordfriesisches Wattenmeer«* und genießt somit eine hohe Schutzkategorie.

Durch ihre langgestreckte Form ist die Insel dem Meereseinfluß besonders ausgesetzt. In westlicher Richtung breitet sich die Nordsee aus, im Osten liegt ein Binnenmeer, das durch den *Hindenburgdamm* geteilt wird.

1927 weihte man den Hindenburgdamm ein, der die 11 Kilometer von Niebüll (Festland) aus – als Bahnstrecke – überbrückt. Seitdem ist Sylt nur noch eine halbe Insel. Später wurde aus dem Per-

Das Altfriesische Haus in Keitum demonstriert innen und außen die Handwerkskunst seiner Erbauer.

die man auch in Hamburg und München redet, Fußgängerzonen mit lebhaftem Treiben, eine mondäne Spielbank, piekfeine Läden und gemütliche Abendlokale. Neben dem Nobelimbiß die Fischbude ebenso wie der urtypische nordfriesische Krug. Solchen Kontrasten begegnet man auf Schritt und Tritt. Hier die Promipromenade, lieblos hingeklotzte Betonschachteln, Autolärm- und -abgase, s-teif-vornehme First-class-Schlemmerhallen – ein paar Meter weiter nur die Stille der Dünen, in denen sich ganz unbekümmert Nackte tummeln, die Weite des Wattenmeeres und des Himmels; hier prunkvoll inszenierte Musikfestival-Aura mit dem Aufmarsch der Nerzstolen in teuren Schlitten vor dem Drei-Sterne-Hotel – dort

sind nicht nur Stürme und brausende Wogen besonders aufregend, sondern man begeht auf Sylt auch die großen Feste. So den Petri-Tag am 21. Februar, jenem Ehrentag der Fischer, bei dem nach uralter Seemannstradition die Biike verbrannt wird, um Wotan mild zu stimmen, daneben auf- und anregende Inseltouren oder die in diesen Monaten besonders stürmischen Strandwanderungen. – »Im Frühjahr ist Sylt am schönsten!«, widersprechen andere Inselprofis, denn diese Wochen seien die erholsamsten, die frische Brise am jodhaltigsten und gesündesten, Strandwanderungen brächten am meisten (ganz Hartgesottene machen das ab Ende März barfuß!), die Austern schmeckten am besten, Inselrundfahrten

sonen- und Warentransportmittel ein Autoreisezug, der den schnell steigenden Andrang der Touristen leichter bewältigte.

Wer von Sylt gehört hat, kennt wahrscheinlich Klischeegeschichten über Playboys und FKK-Strände und denkt an ein geldschweres Prominenten-Nackedeizentrum. Man weiß um die tollen »23 Strände in 12 Orten« mit dem besonders feinen, weichen, weißen Sand, hat vielleicht schon mal von dieser einmaligen Dünen- und Kliffküste gelesen oder gehört. Wirkliche Sylt-Fans lieben die Mischung der Bewohner (Bauern, Künstler, Galeristen, Handwerker, Sonderlinge, sturmgeprüfte Insulaner), die Reetdachhäuser und Katen mit den Strohdächern. Viele Berühmtheiten, Reiche und Neureiche, Künstler und Lebenskünstler verliebten sich in den rauhen Charme, das launische Temperament oder die ruhige Idylle der Insel.

Sylt bietet alles, was ein Touristeneldorado heute aufbieten muß, um im Gespräch zu bleiben: weite Strände, lebendige Shoppingzonen zum Kaufen, Bummeln, Essengehen, Klönen; Orte, wo man sich zeigt, um zu sehen und gesehen zu werden: Promenade mit »Musikmuschel«, Discos, In-Restaurants, originelle Cafés und Kneipen, über

die Surfer vor den zahlreichen Naturschutzparks und Dörfern in den Dünen. Galerien neben Fischereihäfen, Seehundbänke und Nightlife auf den Kurpromenaden, ideale Wassersportmöglichkeiten, Leuchttürme und Stürme – all das ist Sylt, wie es die pro Jahr etwa 5 Millionen Touristen und Kurgäste kennen und erwarten.

Die Ansichten darüber, wann der wirkliche Syltkenner hier Ferien macht, gehen sehr auseinander. »Sylt im Winter!«, schwören die einen, am besten zwischen dem 10. und 25. Februar. Dann

und Exkursionen zeigten die Umgebung in der prächtigsten Zeit des Jahres. Die Vorlieben sind verschieden, so hält die Sylter Tourismuszentrale für ihre unterschiedlichen Fans zu allen Zeiträumen Angebote bereit.

Sylt ist eine alte Siedlung; nachweislich wurde es schon 1141 in einer Schenkungsurkunde des Klosters zu Odense erwähnt. Doch die Siedlungsgeschichte reicht viel weiter zurück. Wahrscheinlich war die Insel schon zwischen den Eiszeiten bewohnt. Werkzeugfunde lassen schließen, daß schon vor 500 000 Jahren die Vorfahren der Neandertaler hier gelebt haben. Steinzeitliche, rund 4000 Jahre alte Hünengräber können noch in der Gegend bei **Wenningstedt** besichtigt werden. Später kamen die Wikinger hier vorbei, sie brachten die Kunst des Deichbaus nach Norddeutschland und auf die Inseln. Gleichzeitig begann auch die Auswanderung der Angelsachsen, die von Sylt aus erfolgt sein soll. Die wechselvolle Geschichte Schleswig-Holsteins wirkte sich auf Sylt aus: Ein nördlicher Teil von Sylt, **Listland**, gehörte zum dänischen Königreich, während der Rest der Insel zeitweise zum Herzogtum Schleswig, dann wieder zum dänischen Reich gehörte. Eindrucksvollere Spuren hinterließ der Blanke Hans, die Nordsee. Die schon in der Einleitung erwähnte mörderische Marcellus-Sturmflut von 1362 ließ die Ortschaften Alt-List, Alt-Wenningstedt und Teile von **Rantum** im Meer versinken. Auch heute ist die Insel vor Sturmfluten nicht sicher, pessimistische Szenarien sagen sogar den Untergang von Sylt in den Fluten des Meeres voraus. Immer wieder muß kräftig und teuer vorgespült werden, das heißt man schafft mit viel Geld Sand heran und versucht, das Überleben der Insel zu sichern.

Der Name der Insel teilt Fachleute und Stammtisch-Wissenschaftler in zwei Fraktionen: Die einen behaupten, es komme von Sild, dem dänischen Wort für Hering, andere zitieren das lateinische Wort Silendi, das Seeland bedeutet.

Hauptort der Insel ist **Westerland**, eines der ältesten Seebäder an der Nordsee. Schon 1855 pries man hier Kurlaubern die Heilkräfte des Meeres an. Vielseitig ist das Angebot Westerlands, das sich mit circa 12 000 Einwohnern und eineinhalb mal so vielen Gästebetten seit 1905 offiziell Stadt nennen darf.

Auch in der Geschichte Westerlands spielten Sturmfluten eine große Rolle. Bis 1436 gab es etwas westlich den Ort **Eidum**, den sich die Allerheiligenflut damals komplett einverleibte. Die sich retten konnten, suchten landeinwärts eine sicherer wirkende Stelle und fingen bei Null wieder an. Westerland wäre wohl ein Fischernest wie viele andere geblieben, hätte es nicht Dr. Ross aus Hamburg gegeben, dem das Klima besonders behagte und der sich den Badebetrieb auf Föhr interessiert betrachtet hatte. Es ist verbürgt, daß er 1855 die Idee lieferte, Westerland zu einem Seebad zu machen. Zwei Jahre später stand das erste Hotel, und es sprach sich herum, daß hier Bronchien- oder Lungenleiden schneller heilen.

Gelobt wird der weite, feine Strand, den man zur Stadt hin befestigte, die Eidumer Warnung ist nicht vergessen. Diese Uferbefestigung fällt nicht auf, im Gegensatz zu manchem nicht in die Umgebung passenden Neubau, sie dient als Kur- und Flanierpromenade. Was von Eidum gerettet werden konnte, wie Steine aus den Mauern der alten Kirche, fand 1635 Verwendung beim Bau der Westerländer *Kirche St. Niels*.

Zur Jahrhundertwende wurde Westerland zum Anziehungspunkt des wilhelminischen Adels.

Nach dem Ersten Weltkrieg wurde die adelige Prominenz rar, für sie kamen aber andere: Josephine Baker und Hans Albers, Max Schmeling und Willy Fritsch, nicht zuletzt Marlene Dietrich, die seufzte: »Nirgendwo kannst Du Pein, Kummer und Bedrückung leichter verlassen als hier!« Nach dem Zweiten Weltkrieg eroberte sich Westerland bald wieder seine Spitzenstellung unter den Nordseebädern zurück, jetzt waren es ein Gunther Sachs oder ein Arndt von Bohlen und Halbach, die hier Urlaub machten. Im allgemei-

nen Bauboom dieser Zeit wurden in Westerland allerdings auch die größten Bausünden auf Sylt mit überdimensionalen Bettenburgen und riesigen Appartementhäusern begangen.

Wem es in Westerland zu voll wurde, der zog sich in das weiter nördlich gelegene **Kampen** zurück. Schriftsteller und Publizisten suchten ab Ende des 19. Jahrhunderts diesen Ort bevorzugt auf und begründeten so Kampens Ruf als Künstlerdorf. Hier waren Thomas Mann, Emil Nolde und Erich Kleiber zu Gast. Das Haus des Verlegers Peter Suhrkamp war Ferienort für Schriftsteller wie Max Frisch, Albrecht Goes und Carl Zuckmayer. Die Stadt liegt geschützt auf der Wattseite der Insel, der Weg zum offenen Meer über die Düne ist kurz. Hier befindet sich der höchste Punkt Sylts, die 52,5 Meter hohe *Uwe-Düne*. Auffällig ist die weiträumige Bauweise der Häuser mit rotem Mauerwerk und Reetdach; der Erhalt des altfriesischen Charmes ist einer Bauverordnung des Jahres 1913 zu verdanken, die vorschrieb, daß jedes Haus nur mit Reet gedeckt werden darf. Ab den sechziger Jahren entwickelte sich Kampen zum Sommertreff der Schickeria, am bekanntesten ist dabei wohl das *Go-Gärtchen*.

Am Weg ans Nordende der Insel, nach List, liegen die *Vogelkoje* sowie das *Natur- und Vogelschutzgebiet Nielönn*. 1767 richtete man die Vogelkoje ein, damals zum besseren Massenfang von Wildenten bestimmt, die hier mit Hilfe von Lockvögeln auf die künstlich angelegten Süßwasserteiche gelockt und gefangen wurden. Seit 1935 steht das Gebiet unter Naturschutz und wird vom Deutschen Bund für Vogelschutz betreut. Das etwa 10 Hektar große Areal zwischen den östlichen Dünen und dem Wattrand umfaßt dichte Gehölze aus Pappeln und Eschen, den ehemaligen Fangteich und reetbewachsenes Sumpfland; ein Informationszentrum ist angeschlossen.

An der Nordspitze der langgezogenen Insel liegt **List**, Deutschlands nördlichstes Nordseebad, umgeben von einem großen Naturschutzgebiet, in dem einige der letzten noch aktiven Wanderdünen Europas zu finden sind. List ist mehr als 600 Jahre alt, allerdings muß das erste List weiter westlich gelegen haben; wahrscheinlich wurde es 1362 bei einer Sturmflut zerstört. Heute liegt der Ort am südlichen Ende einer Halbinsel, die der Form wegen den Namen *Ellenbogen* trägt. Wie die Insel **Uthörn**, die nicht betreten werden darf, wurde sie zum Vogelschutzgebiet erklärt. Bis 1866 unterstand Listland, der nördliche Teil der Insel, dänischer Verwaltung. 1644 lieferte

Auf Spiekeroog befindet sich die älteste ostfriesische Inselkirche aus dem Jahr 1696 (oben).
Malerische Gehöfte bestimmen das Bild von Morsum an der Ostspitze der Insel Sylt (unten).

sich König Christian IV. vor der Bucht mit Schweden und Holländern eine für ihn erfolgreiche Seeschlacht – dieser Begebenheit verdankt die Bucht, die vom Sylter Ellenbogen umschlossen wird, angeblich den Namen.

Das vor der Halbinsel liegende Lister Tief markiert heute die deutsch-dänische Seegrenze. Erwähnenswert sind die zwei *Leuchttürme* auf dem Ellenbogen sowie der weite Wattstrand im Nordosten. Von List aus findet Fährverkehr zur dänischen Insel Rømø statt.

Südlich von List liegt die Blidselbucht. Von **Mellhörn** aus führt ab Süderheidetal bzw. Westerheide eine Straße über die zum Teil nur 500 Meter breite Insellandzunge südwärts. Westlich davon reiht sich eine Düne an die andere bis zum *Roten Kliff*, etwas nördlich von **Wenningstedt.** Das Kliff steigt etwa 25 Meter steil an und gilt als Abbruchkante eines Geestrückenteils, die vor etwa 180 000 Jahren in der vorletzten Eiszeit entstanden ist. Die große Sturmflut von 1976 hat diesem Wahrzeichen des Weststrands von der etwa 25 Meter hoch aufragenden Kante fast 20 Meter der eisenhaltigen Lehmerde entrissen, und man bangt darum, ob der Schaden überhaupt noch reparabel ist.

Nach dem dänischen König Christian ist das *Kliff-Feuer* benannt, ein 62 Meter hoher Leuchtturm, Wahrzeichen des Kliffs, der jedoch nicht von Christian, sondern König Friedrich VI. 1855 erbaut wurde.

Nahe bei Wenningstedt hat man 1868 den *Denghoog* geöffnet, ein 4000, wenn nicht 7000 Jahre altes *Hünengrab*, das das besterhaltene steinzeitliche Ganggrab Schleswig-Holsteins ist; Abgüsse der Grabbeigaben sind im Sylter Heimatmuseum Keitum zu besichtigen.

Südlich von Kampen folgt auf der Ostroute **Braderup** mit dem *Weißen Kliff*, wo weißer Kaolinsand deutlich zu sehen ist. An **Munkmarsch** vorbei, das früher das »Tor zu Sylt« war, gelangt man zum Yachthafen der Insel.

Nun erreichen wir **Keitum**, auf einem Geesthügel bereits am »Bauchansatz« der Insel gelegen. Der Ort ist bekannt für seine lange Kunsthandwerkertradition; die älteste Geschichte der Handwerker auf Sylt haben die Weber, die es schon zu Zeiten Karls des Großen gegeben hat. Keitum war einst wichtigster Inselhafen, aber Schlick und Sandablagerungen ließen ihn verlanden. Von dem höhergelegenen Geestrücken blickt die hübsche *St.-Severin-Kirche* aus dem 17. Jahrhundert weit in die große Bucht. Der spätgotische Turm

Ähnlich wie in Keitum ist auch in Tinnum der friesische Dorfcharakter erhalten geblieben (oben).
In der milden Seeluft üppig wachsende Hortensien und Rosen umranken dieses Keitumer Haus (unten).

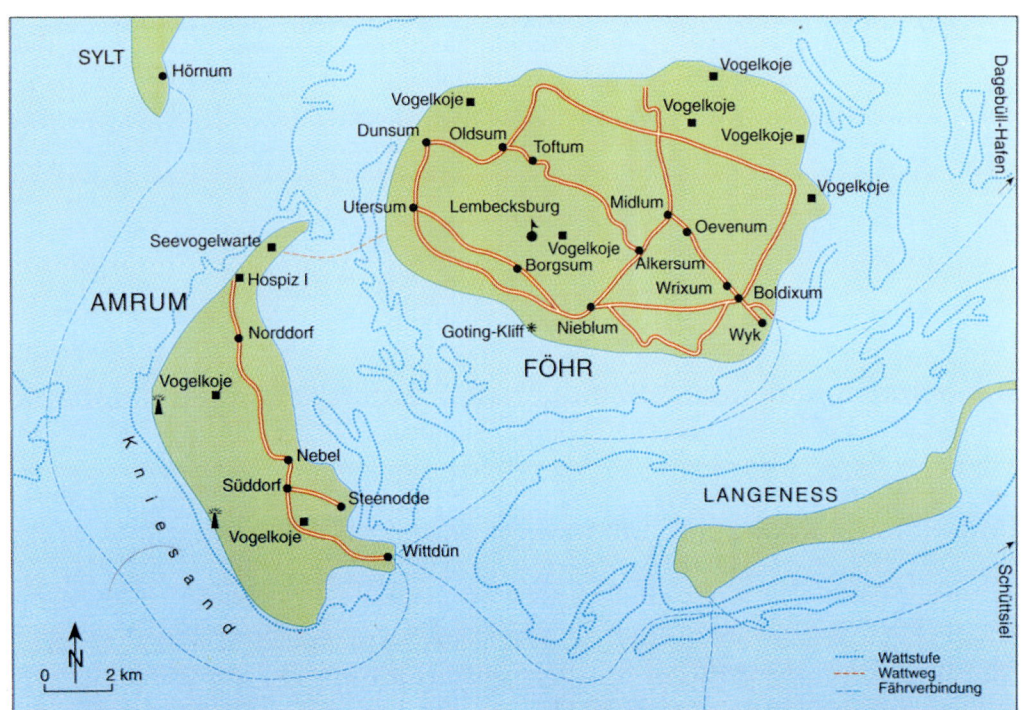

Dagebüll-Hafen

SYLT
Hörnum

Vogelkoje

Vogelkoje

Vogelkoje

Vogelkoje

Dunsum
Oldsum
Toftum

Vogelkoje

Utersum
Lembecksburg
Midlum

AMRUM
Seevogelwarte

Oevenum

Hospiz I
Vogelkoje
Borgsum
Alkersum
Wrixum

Norddorf
Boldixum

Goting-Kliff
Nieblum
Wyk

Vogelkoje
FÖHR

Nebel

LANGENESS

Süddorf
Steenodde

Vogelkoje
Wittdün

Schüttsiel

N
0   2 km

Wattstufe
Wattweg
Fährverbindung

nern. Nahe dem Deich Mootjes Küül – Großmutters Kuhle – fand man ein etwa 4000 Jahre altes jungsteinzeitliches *Ganggrab*, daneben gibt es noch einige kleine Reetdörfer wie **Osterende**, **Schellinghörn** und **Nörse**.

Nur der Ort **Tinnum** liegt im »Binnenland« zwischen Keitum und Westerland. In diesem ruhigen Luftkurort kann man Reste der *Tinnumburg* aus der Vorwikingerzeit besichtigen. Es handelt sich dabei um eine Anlage mit einem Ringwall von mehr als 7 Meter Höhe, 20 Meter Breite und einem Durchmesser von stattlichen 12 Metern, die vermutlich um Christi Geburt angelegt wurde. Auch bei Archsum und Rantum fand man ähnliche Befestigungsanlagen, was auf ein zusammenhängendes Burgensystem hinweist.

Wer den »Bauch« umrundet hat und von Tinnum nach Süden fährt, befindet sich in **Rantum** an der schmalsten Stelle der Insel. Rantum ist ein kleines Seebad, das fast nur aus Reetdachhäusern besteht, die sich allerdings kaum weiter ausdehnen können auf dem schmalen Grat zwischen Watt und Meer. Schon einmal wurde es mit in heftigen Stürmen herangeschleuderten Sandmas-

diente früher als Seezeichen für die Schiffahrt. In ihrem Inneren befinden sich ein spätgotischer Altar, eine Renaissancekanzel, von der Decke hängende Schiffsmodelle und die klangvolle Orgel von 1787, die noch immer für Konzerte genutzt wird. Ebenfalls ein Schmuckstück ist das *Sylter Heimatmuseum* (Trachten und Zeugnisse aus Wikinger- und Walfängerepoche) und das 1739 gebaute *Altfriesische Haus*, in dem die ursprüngliche Aufteilung erhalten geblieben ist und das so die Wohnkultur der Friesen im 18. und 19. Jahrhundert sehr anschaulich dokumentiert. Das schmucke, gepflegte Friesenstädtchen ist insgesamt ein ideal-streßfreier Ort mit einigen guten Restaurants wie dem berühmten »Fisch-Fiete«. Für den, der mehr Unterhaltung braucht, wartet das Westerländer Nachtleben nur einen Katzensprung entfernt.

Wie eine Halbinsel schiebt sich ab **Keitum** der »Bauch« nach Osten. Bei Keitum befindet sich das *Grüne Kliff*, das im Gegensatz zu den anderen mit Pflanzen bewachsen ist und deshalb »grün« ist. Auf dem Bauch befinden sich **Morsum**, ein altfriesischer Luftkurort in Heidelandschaft mit *Findlingen*, einer *Kirche* aus dem späten 12. Jahrhundert und dem *Morsum-Kliff*, das verschiedenste geologische Schichten preisgibt, und **Archsum**, der kleinste Ort Sylts mit etwa 200 Einwoh-

Der zehn Kilometer lange Kniepsand auf Amrum ist einer der schönsten Sandstrände im Nordseeraum.

sen bedeckt: Weiter westlich lag bis 1801 Alt-Rantum, das im Sand unterging und die Rantumer zwang, nach Osten zu wandern. Auch der Hafen versandete und mußte aufgegeben werden – so wurde aus dem Rantum-Hafen das heutige *Rantum-Becken*. Seit 1957 befindet sich hier ein Seevogelschutzgebiet. Noch ein Vorteil des Versandungsproblems: Auf diese Weise entstand ein herrlicher Badeort!

Wenn man der einzigen Straße weiter nach Süden folgt, erreicht man *Puan Klent*, früher ein altes Militärlager aus den Tagen des Ersten Weltkriegs, heute eine Jugendherberge, sowie **Hörnum**, ganz im Süden, ein hübscher Ort, erst seit 1946 offiziell Seebad. Lage und Umgebung – mit dem hornförmigen Südzipfel Hörnum-Odde und kleinem Hafen – machten das Städtchen früher zum idealen Versteck und Umschlagplatz für Schmuggler und Seeräuber. Klaus Störtebeker soll nicht selten vor der Hörnumer Küste gekreuzt sein. Heute befindet sich in Hörnum ein sehenswertes *Informationszentrum* für naturkundlich Interessierte, das sehr eindringlich und didaktisch durchdacht in die Welt der Inseln, der Watten und des Meeres einführt. Von hier starten auch heute noch die Fähren in Richtung Cuxhaven und Helgoland, Wittdün auf Amrum, Wyk auf Föhr oder zur Hallig Hooge; bei einigermaßen klarem Wetter sind die Nachbarinseln Föhr und Amrum im Süden zu sehen.

Amrum: Strand – Dünen – Dörfer

Amrum ragt von den »Drei großen Nordfriesen« am weitesten hinaus ins Meer. Sie ist die südlichste, mit einem im Vergleich schmalen »Bauchumfang« von etwa 13 Kilometer Länge und drei bis vier Kilometer Breite die schlankste. Ihre Fläche beläuft sich auf 20 Quadratkilometer.

Ähnlich der Bodenstruktur Schleswig-Holsteins ist Amrum in drei unterschiedliche Bodenformen geteilt, die das Gesicht der Insel so reizvoll und abwechslungsreich prägen: Eine Art Dünenwall verläuft von Nord nach Süd, der fast die Hälfte der Inselfläche einnimmt. An den Kuppen erreichen die Dünen eine Höhe von über 30 Meter, die Breite liegt zwischen 600 und 1500 Meter. Dieser Gürtel trennt Marsch- und Geestgebiet im Osten vom zehn Kilometer langen *Kniepsand* im Westen, der oft bis zu einem Kilometer Breite erreicht. Fachleute nennen diese riesige Einladung zum Baden eine »Sandbank des Meeres, die der Inselküste vorgelagert ist«. Noch vor 400 Jahren

lag der Kniepsand nämlich nicht als breiter Streifen vor dem Kern der Insel, sondern ragte als »Amrumer Barriere« weit nach Westen ins Meer hinaus. Nach und nach sorgten Wind, Wellen und Meeresströmung dann dafür, daß die Sandbank sich um beinahe 90 Grad drehte und erst vor den natürlich gewachsenen Inseldünen zur Ruhe kam. Der Kniepsand ist einer der schönsten Strände im Nordseeraum.

Wir finden auf kleinem Raum also alles, was es auf dem Festland gibt: endlos weit erscheinende Dünen, grüne Geest und Marschboden, Heidelandschaft, die zum Teil mit Ulmen, Pappeln, Kiefern und Fichten aufgeforstet wurde, sogar kleinere Wälder haben sich eingeschmuggelt.

Wer landschaftliche Reize sucht auf einem Eiland, dessen Bewohner um den Reichtum ihrer »Gesundheitsinsel« wissen und entsprechend sorgsam damit umgehen, dem muß man vor allem Amrum empfehlen. Das Klima ist doppelt interessant: Neben bester Heilluft für Erkrankungen der Atemwege und gegen Rheuma und bestimmte Unterleibserkrankungen bietet Amrum mildes Wetter und, durch die Nähe zum Golfstrom, eine

Der Kniepsand funkelt im Abendlicht.

angenehme Wassertemperatur (bis 19 Grad im Sommer) – also mildes Reizheilklima mit statistisch mehr Sonnentagen im Jahresdurchschnitt als auf dem benachbarten Festland.

Diese Insel hat sich am längsten beim Badestrand-Tourismus zurückgehalten und ist heute »die« Insel für Natur- und Umweltschutz-Freunde. Zwar verbietet man den Gästen nicht, das Auto mit der Fähre von den Küstenhäfen Dagebüll und Schüttsiel oder von Hörnum/Sylt aus mitzunehmen, aber der Tourist sollte darauf freiwillig verzichten, denn schließlich sind gute Busverbindungen auf der Insel vorhanden, und es besteht die Möglichkeit, sich ein Fahrrad zu leihen.

Die Einwohner Amrums haben sich vom Tourismus weder die eigene »typisch friesische Art« verbiegen noch durch die Einnahmen des Fremdenverkehrs blenden lassen. Die Leute auf Amrum sind freundlich und oft sogar ausgesprochen herzlich, lassen sich aber nicht so fix aus der Ruhe bringen, halten eine gewisse Distanz zu Schickis und Rummel. So hat man sich bei vielen Kennern und alljährlichen Stammgästen den Ruf der schönsten nordfriesischen Insel erworben, und viele Besucher behaupten, es sei die Perle, die schönste Nordseeinsel überhaupt!

Die Entwicklung zum Seebad ist lange Zeit vom Widerstand der Einheimischen geprägt worden. Schon um 1880 gab es Vorschläge von Amrum-Liebhabern, hier – wie auf den Nachbarinseln – ein Seebad einzurichten. Der Architekt und Maler Schulze-Waldhausen aus Hannover wurde mit der Idee vom Rat der Insel abgeschmettert: Man fürchte um die »guten Sitten«, sagte der Gemeinderat. Ein Trick mußte nachhelfen; Schulze kaufte sich ein Haus auf der Insel und gründete kurzerhand einen Fremdenverkehrsverein. 1890 – nach weiteren fünf Jahren – hatte er genügend Amrumer überzeugt, der Weg war frei, die Badekonzession erteilt – und Wittdün im Süden als Badeort eingerichtet. Ab 1890 ging es mit dem nun offiziellen Heilbad bergauf, bei ständig steigenden Besucherzahlen, derer sich Amrum auch heute erfreut.

Wittdün – was »weiße Düne« bedeutet – bietet nicht nur einen lebendigen Fährhafen, sondern auch einen drei Kilometer langen, feinen Sandstrand, ein beheiztes *Meerwasserschwimmbad* direkt in den Dünen und den höchsten deutschen *Nordsee-Leuchtturm* (mit bestem Rundumblick aus 68 Meter Höhe über die Insel – an guten Tagen bis zur Küste!). Wittdün liegt am äußersten Südostzipfel, unweit der Marschenlandschaft, die sich

Die Windmühle in Wyk auf Föhr war die Wohnung der Föhrer Heimatdichterin Stine Andresen (1849-1923).

verzierten alten Grabsteinen hat man in langen Schriftzügen die Todesursache zum Todesdatum der Verstorbenen vermerkt. Einen Besuch sollte man auch »Haus Ide« abstatten, in dem die Wände von Flur und Wohnzimmer mit Kachelbildern ausgestattet sind, ebenso wie der reetgedeckten Windmühle, die heute *Heimatmuseum* ist.

Auf dem Weg zwischen Nebel und dem weiter nördlich gelegenen Norddorf befindet sich am Rande eines kleinen Wäldchens die *Vogelkoje*, die 1866 angelegt wurde. Nachdem hier jahrelang zu Tausenden Enten gefangen wurden, ist dieses Gebiet heute ein kleines Tierparadies, wo man in aller Ruhe einheimische und durchziehende Vögel beobachten kann.

Noch nicht ganz im Norden, eingebettet zwischen Wäldchen, Dünenkette, Heideflächen und Marschlandschaft, liegt **Norddorf**, ein 500 Einwohner großes Nordseeheilbad, das allen etwas bietet: ein Wattbad an der Odde, das Kurmittelhaus, das beheizte *Meerwasserschwimmbad*.

Neben den modernen Kureinrichtungen bestimmen alte Friesenhäuser das Bild. Zu den Freizeitmöglichkeiten gehören Wanderungen durch ein Vogelschutzgebiet in Richtung nördlicher Inselspitze, Wanderungen und Kutschfahrten durchs Watt zur Insel Föhr. Auch **Norddorf** bietet seit den fünfziger Jahren Kurmittel an. Dem berühmten Pfarrer Bodelschwingh wird zugeschrieben, durch sein christliches Seehospiz das Leben mit den »Fremden« eingeführt zu haben, nachdem er 1888 die Insel bereiste und sich für diesen

bis fast ganz in den Norden hinaufzieht. Der Fährhafen bietet Ausflüge und regelmäßigen Schiffsverkehr nach Hörnum auf Sylt, zur Hallig Hooge, nach Föhr, zu den Seehundbänken und natürlich zum Festland. Ganz im Norden führt ein Wattwanderweg nach Utersum an der Westseite Föhrs. Wer den sechs Kilometer langen Fußweg also nicht scheut, kann ohne weiteres auf die Nachbarinsel marschieren.

Etwa in der Mitte des östlichen Marschlandes liegen ganz dicht beieinander die Orte **Süddorf** und **Steenodde**. Der letztgenannte ist Amrums kleinster Ort; der Name bedeutet soviel wie »Steinspitze« und weist auf die vielen Steine und Findlinge hin, die hier zu finden sind, da die Siedlung auf einem Siedlungsgebiet aus Stein-, Bronze- und Wikingerzeit steht. Vom Fremdenverkehr ist der stille Ort fast unberührt geblieben, was dem Dorf einen besonderen Reiz verleiht. Nahe Steenodde fand man Grabstätten aus der Jungsteinzeit ebenso wie aus der Wikingerzeit, daneben den *Krümwal*, einen frühgeschichtlichen Erdwall.

Etwas weiter nördlich treffen wir auf **Nebel**, einen schön erhaltenen Friesenflecken mit Atmosphäre: idyllisch-enge Gäßchen, (friesisch, besser gesagt amringisch »Jat« genannt) mit prächtigen, überwiegend reetgedeckten Altfriesen-Häusern.

Die *Kirche St. Clemens* aus dem frühen 13. Jahrhundert steht mitten im Ort und besitzt ein reetgedecktes Dach sowie einen schönen Flügelaltar aus dem Jahr 1634. Die Kirche ist für eine Stippvisite zu empfehlen, ebenso wie der außergewöhnliche Friedhof. Auf den mit kunstvollen Reliefs

Das Altfriesische Museum in Keitum weist an den Wänden die typische blauweiße Kachelung auf.

In Oldsum auf Föhr steht die »Museumsmühle«, die noch bis in die fünfziger Jahre ihren Dienst versah.

Ort entschied, um 1890 sein Hospiz zu erbauen. Hier in Norddorf, wo man so eben noch zwei Kilometer Landfläche vorfindet, kann der Gast die interessante Mischung aus Dünen-, Marsch- und Heideboden wahrnehmen, ganz abgesehen von den Wanderungen durchs nahe Watt.

Föhr – die »grüne« Insel

Föhr liegt neun Kilometer vom Festland entfernt, von Sylt und Amrum als »Wellenbrecher« etwas geschützt, im nordfriesischen Wattenmeer. Ganz im Norden der Insel dient ein bis zu acht Meter hoher Deich, der ab 1450 errichtet worden sein soll, dem gleichen Zweck. Auf den ersten Blick

scheint sie wegen ihrer kompakten Form die größte der nordfriesischen Geestinseln zu sein, doch das ist eine Täuschung. Mit 82 Quadratkilometern ist sie deutlich kleiner als Sylt. Die Insel besteht fast zu einem Drittel aus Geestrücken, der Rest ist Marschland; sie wird deshalb auch »Grüne Insel« genannt.

Lange vor Sylt und dem »Nachzügler« Amrum gab es ein reges Badeleben auf Föhr: Archive nennen 1819 als großen Wendepunkt in der Arbeits- und Lebensstruktur der Föhringer; die Jahrhunderte davor waren geprägt vom harten Alltag der Fischerei. Daß man es durch die Jagd auf Wale zu gewissem Reichtum brachte, das beweisen in **Wyk** prächtige Katen und fast herrenhausähnli-

che Gebäude – oft nach alter Sitte mit Kacheln ausgeschmückt. Um 1800 wurde aus der Walfänger-Goldgrube eine Geisterstadt, der die verarmten Bewohner davonliefen. Erst Gerichtsvogt von Colditz leitete mit der Idee vom Seebad die Wende ein – 1818 begann es mit einer kleinen, aber schon beheizbaren Badeanstalt. Anfangs »tröpfelte« der Badebetrieb, aber man verbesserte die Kureinrichtungen, und die Zahl der Besucher stieg.

Zur Goldader wurde Wyk erst wieder durch ein besonderes Ereignis, das damals hohe Wellen in der Öffentlichkeit schlug: Der dänische König Christian VIII. erkor sich Wyk 1842 zur Sommerresidenz; alljährlich kam er mit großem Anhang für Monate von Kopenhagen herüber. Hans Chri-

Abendstimmung über dem Marschland vor der Insel Pellworm.

stian Andersen, ab 1844 einige Male offiziell Gast des Monarchen, hat über Aufenthalt, Badeleben und Alltag jener Zeit interessante Notizen hinterlassen. Er beschreibt zwar die beschwerliche Reise, schildert aber auch romantische Abende am Strand: »Die Brandung des Meeres war die Tafelmusik, der Sternenhimmel die Illumination!«

König Christian VIII. reiste gern und oft nach Föhr – und es ist überliefert, daß seine gütige und milde Art bei den Föhringern gut ankam. Außerdem registrierte man erfreut den Aufschwung, den Föhr als »Königsresidenz« nahm. Lang ist die Liste der Könige, Prinzen, Künstler und prominenten Gäste, mit der man jedoch keineswegs hausieren geht. 1847 zählte Föhr mehr als 1000 Bade- und sonstige Gäste – so nahm der Operettenkomponist Strauß den weiten Anfahrtsweg auf sich – eine Gedenktafel am »Sandwall« berichtet, daß er während seines Aufenthaltes in Wyk den »Nordsee-Wellen-Walzer« zu Papier brachte.

1864 wurde Föhr, genauso wie Amrum und das Sylter Listland, dem Preußenreich zugeschlagen, was Folgen für die Einwohner hatte: Der Preußenkönig dachte nicht daran, das »Dänenprivileg« zu erneuern, wonach kein Föhringer Militärdienst zu leisten hatte. Auch sonst griff

man hart durch, wohl um sich auf solche Weise bei den Insulanern Respekt zu verschaffen – was zum Ergebnis hatte, daß viele wehrdiensttaugliche Männer davonliefen – eine weitere Auswanderungswelle (zurück in den dänischen Schoß oder in Richtung Amerika, um in der Neuen Welt Freiheit und Arbeit zu finden) begann.

Nach dem Ersten Weltkrieg erfolgte in Nord- und Südschleswig auf Drängen der Dänen eine Volksabstimmung, bei der die Bewohner über ihre nationale Zugehörigkeit befragt wurden. Die deutsch-dänische Grenze wurde damals etwa 50 Kilometer nach Süden auf ihren heutigen Verlauf verschoben. Die Bewohner der drei Inseln entschieden sich für den Anschluß an Deutschland. Heute ist das Verhältnis der beiden Nationalitäten entkrampft, die Minderheiten beiderseits der Grenzen dürfen sich frei entfalten und ihre kulturellen und nationalen Eigenheiten pflegen.

Die zweitgrößte Nordfriesseninsel gibt sich ganz anders als Sylt im Norden. Hier traf man nie auf die dort übliche Schickeria, und selbst Laien fällt das mildere Klima auf. Das Wandern ist übrigens der Föhringer ganz besondere Lust, rund ums Jahr – aber speziell zu Himmelfahrt, das man hier mit dem größten Wanderfest des Nordens feiert: einmal ganz um die eigene Insel! Wer nicht so

gut zu Fuß ist, benutze einfach das mitgebrachte oder hier an vielen Stellen ausleihbare Fahrrad. Föhr macht sich alljährlich neue Freunde – gerade das Prädikat »kinder- und familienfreundlich« trug dazu bei, daß Föhr zu mehr als einem Geheimtip wurde. Hier kann man Golfen, Landrauchschinken probieren, frischen Fisch und Krabben am Fischerhafen direkt vom Kutter besorgen, die frische Brise genießen und alte Friesendörfer besuchen. Pferdekutschfahrten und das Meerwasserwellenhallenbad, Rundfahrten um die große Insel, Mühlen- und Reedereibesichtigungen, Touren nach Helgoland, Motorbootfahrten rund um Föhr, zu den Halligen und Seehundbänken; Tagesfahrten nach Sylt oder Dänemark, Wattwanderungen zwischen Föhr und Amrum ... alles ist im Angebot enthalten.

Wyk, der »Ort an der Bucht«, wurde dank des dänischen Königs, der hier gerne auf den baumbestandenen Promenaden flanierte, zum bekanntesten Seebad Nordfrieslands. Der Ort liegt am südöstlichen Zipfel der Insel und besteht aus hübschen und malerischen Gäßchen mit reetgedeckten Häusern. Sehenswert sind das älteste *Bauernhaus* Föhrs aus dem Jahr 1617, dessen Eingangsportal aus zwei Walkieferknochen besteht, und das *Friesen-Museum*.

Westlich von Wyk liegt **Nieblum.** So klein das beschauliche Seebad wirkt, es besitzt einen weitläufigen Südstrand, *Kapitänshäuser* aus dem 17. und 18. Jahrhundert und einen »Friesendom«, die spätromanische *Kirche St. Johannis.* Neben der Kirche liegt der *Friedhof,* auf dem über 100 Grabstellen über Walfängerschicksale im 18. Jahrhundert berichten.

Ein Stück weiter nach Westen folgt **Borgsum,** wo man eine noch aus der Vorwikingerzeit stammende Burganlage beachtlichen Ausmaßes fand, die *Lembecksburg,* eine Ringwallanlage, die danach auch die Wikinger bewohnt haben sollen. Der Ringwall erreicht eine Höhe von 11 Meter und einen Gesamtdurchmesser von etwa 96 Meter. Das *Goting-Kliff,* eine bis zu neun Meter hohe Abbruchkante, befindet sich in der Nähe.

Fast ganz an der Westküste, also an der »offenen Seeseite«, folgt dann **Utersum,** an dessen weitem Strand auch unsichere Schwimmer problemlos ins Wasser können. Bei Ebbe lohnt sich eine Wattwanderung nach Amrum hinüber. Wer südlich von Utersum umherstreift, trifft unweigerlich auf die »*Drei Berge*«, Hünengräber, die aus Stein- und Bronzezeit stammen. Über einen Rundweg erreicht man die Ortschaften **Dundum** und **Süderende**, das eine der ältesten erhaltenen Inselkirchen aufzuweist, und zwar die *St. Laurentius-Kirche* (12./13. Jahrhundert). Dann folgen **Oldsum-Klintum**, **Toftum**, und – im Herz der Insel – **Alkersum**, **Midlum**, **Oevenum** und **Wrixum**. Von hier aus gelangt man über den Ortsteil Boldixum mit der spätromanisch-frühgotischen *Kirche St. Nikolai* wieder zurück nach Wyk.

Die Marscheninseln

Die Marscheninseln **Pellworm**, ihre östliche Nachbarinsel **Nordstrand**, die **Hamburger Hallig** und die Hallig **Nordstrandischmoor** sind die Überreste der von den Sturmfluten 1634 auseinandergerissenen Insel Strand. Marscheninseln bestehen – im Unterschied zu den Halligen – aus eingedeichten, dem Meer abgerungenen Landstücken, die Köge genannt werden. Zusätzlich schützt ein Seedeich die Insel, deren Niveau oft unter dem Meeresspiegel liegt.

Pellworm

Das neun Kilometer lange und bis zu sechs Kilometer breite **Pellworm** wird durch einen nahezu acht Meter hohen Seedeich mit starken Steinverbauungen auf der Seeseite geschützt, denn die Insel liegt ungefähr anderthalb Meter unter dem Meeresspiegel. Dieser Seedeich umschließt 13 Köge – das sind dem Meer abgetrotzte Grundstücke, die wiederum von Deichen geschützt werden. So stabil der Deich auch aussieht, er versinkt doch allmählich im Meer, und so ist es notwendig, immer wieder neu aufzuschütten, und das auf einer Länge von 30 Kilometern! Die Insel ist fast 40 Quadratkilometer groß, bietet wenig Sandstrand und wird überwiegend landwirtschaftlich genutzt. Etwa zwei Drittel sind Weideland, ein Drittel wird als Ackerland bestellt. 1400 Einwohner leben heute auf der Insel, nur ein geringer Teil von ihnen vom Fremdenverkehr.

Neben einem Dutzend Grünstränden, Kurzentren und Freizeitangeboten wie Wattwandern, Surfen und Reiten hat Pellworm noch weitere Sehenswürdigkeiten zu bieten. Erwähnt seien hier: die *Alte Kirche St. Salvator* im Westen der Insel aus dem 11. Jahrhundert (mit einer Orgel des berühmten Orgelbauers Arp Schnitker von 1711), die ebenso wie der *Turm* (Wahrzeichen der Insel) das Inferno von 1362 und die »finale Katastrophe« von 1634 überlebt hat – wenn auch der Turm nur noch eine Ruine ist; die letzte von einst

14 heute versunkenen Windmühlen, die *Nordermühle* aus dem 17. Jahrhundert; ein *Watt-Museum*, das Fundstücke ausstellt, mit Gedenktafel für den in Vergessenheit geratenen Dichter Liliencron, der von 1882 bis 1883 in der Eigenschaft als »Hardesvogt« auf Pellworm gelebt und gearbeitet hat; das Wrack eines nachgebauten *Wikingerschiffes*, das hier strandete, und die inzwischen stillgelegte *Vogelkoje,* wo sich viele Seevögel wohlzufühlen scheinen: Fischreiher, Kiebitze, Lerchen und unzählige Seeschwalben, die auf der benachbarten Vogelinsel **Norderoog** nisten, sind neben seltenen Vogelarten zu finden. Pellworm kann ausgesprochen prächtige Bauerngehöfte vorweisen – und kein einziges Hochhausungetüm! Das hat der Inselrat nun mal so beschlossen und daran hält man sich ebenso strikt, wie man unter aktivem Natur- und Landschaftsschutz die Erzeugung von »Naturstrom« versteht. Solarmodule, die auf den Feldern stehen, »sammeln die Sonne ein« und wandeln sie in Strom um. Auch diese Anstrengungen sind lobenswert und durchaus lohnend, da Pellworm mit als der sonnenreichste Ort der Bundesrepublik gilt.

Schiffsverkehr – so das Wetter und die Gezeiten es zulassen – findet von Nordstrand aus mit der Autofähre statt und führt zum Hafen Tammensiel. 45 Minuten dauert die Fahrt von der Küste zur »ursprünglichsten aller Inseln« mit dem fruchtbaren Marschboden.

Nordstrand

Nordstrand erreichen wir von Pellworm aus mit dem Schiff über den Norderheverstrom oder über einen etwa zwei Kilometer langen Damm, der seit 1935 die Insel mit dem Festlandufer nördlich von Husum verbindet. Diese enge Anbindung ans Festland hat dem herb-urwüchsigen Charakter nicht geschadet hat, sondern die Insel zusätzlich – für einen Kurztrip – schneller und individueller erreichbar gemacht als viele der weiter draußen im Meer liegenden Inseln.

Der Schiffsverkehr wird im Hafen Strucklahnungshörn nach Pellworm, zu den Halligen und nach Nordstrandischmoor abgewickelt, das man (bei Ebbe) auch über einen etwa acht Kilometer langen Deich trockenen Fußes erreichen kann. Die Insel ist etwa 49 Quadratkilometer groß und beherbergt etwa 2700 Einwohner, die hinter einem 30 Kilometer langen, seewärts angelegten Deich wohnen. Sie betreuen Touristen, Kühe und ungezählte Schafe rund ums Jahr. Die Schafe liefern alles, was gegen Sturm und Brise warm hält,

Pellworm ist stark landwirtschaftlich geprägt, zwei Drittel der Fläche sind Weideland für Schafe und Kühe.

meist von Hand gefertigt und frei von Chemiefarben. Sie gilt bei Kennern als die »grüne Insel« im Wattenmeer, auch wenn sie keine Waldbestände aufweist.

Der bis zu neun Meter hohe Außendeich verhindert nicht nur (hoffentlich) eine Wiederholung der historischen Desaster von 1362 und 1634, sondern bietet sich für lange Spaziergänge ebenso an wie das Watt.

Erst 1991 wurde die Insel staatlich anerkanntes Seeheilbad. Hier kümmert man sich speziell um asthmatische und verwandte Beschwerden der Atemwege.

Die Bademöglichkeiten liegen rundherum vor der Haustür, wichtig ist aber, daß man hier die Gezeiten sehr sorgfältig beobachtet. Die Insel ist von außerhalb des Deichs gelegenen Stränden umgeben, insgesamt mehr als 10 Kilometer lang. Der beliebteste Strandabschnitt um den Norderhafen bietet bei klarem Wetter Ausblick bis zur Hallig **Nordstrandischmoor**. Hier tummeln sich während der Saison die meisten Gäste.

Gut besucht ist auch der Süderhafen, dessen Strandbereich dem Deich vorgelagert liegt. Das macht einen kleinen Spaziergang nötig, schafft aber bei Ebbe ein schönes Gebiet für lange Wattwanderungen. Um **Strucklahnungshörn**, besonders in Richtung Norderhafen zur westlichen Nordspitze, findet man die neben dem südöstlichen Süderhafen wichtigsten Badestrände.

Auch für Stärkung im kulinarischen Bereich ist gesorgt. Schließlich hat man ja den Ruf zu verteidigen, in dieser Hinsicht besonders erfinderisch zu sein: Hier soll der berühmte Pharisäer erfunden worden sein. Keine Sorge übrigens: In der kleinen, wohlig-gemütlichen Teestuv (Teestube) kann man ihn ebenso an Ort und Stelle probieren (Kaffee kann, Sahnehaube soll, Rum muß rein – und nicht zu knapp...) wie die an der Küste beliebten Köhms (Kornschnäpse), die zu dem würzig-herben Bier gereicht werden.

Die Geschichte vom cleveren Coup der Strander, mit dem sie einst das von einem strengen Pastor verhängte sonntägliche Ausschankverbot für Alkohol umgingen, sorgt bis heute für schadenfrohes Gelächter, obwohl das Ereignis mehr als 100 Jahre zurückliegen soll.

Kirchen gibt es gleich drei auf der Insel, und zwar eine protestantische, eine römisch-katholische und außerdem eine altkatholische. Die Katholiken kamen nach der großen Sturmflut auf das vorher rein protestantische Nordstrand. Infolge eines Kirchenstreites spaltete sich dann die altka-

tholische Bewegung ab. Am schönsten ist die protestantische *St.-Vinzenz-Kirche* mit einem spätgotischen geschnitzten Altar und Grabplatten mit magischen Totenkopfdarstellungen.

Nach dem dritten Pharisäer ist man gestärkt für die Kutschfahrt zur Hallig Südfall; ein echtes Erlebnis, weil man dabei nicht nur das endlos wirkende Wattenmeer-Vogelschutzgebiet durchquert, sondern auch den persönlichen Härtetest durchführen kann: genauso müssen sich damals die Fahrgäste an Land im Bauch der Pferdekutschen gefühlt haben.

Gast- und Bauernhäuser halten mehr als 2000 Gästebetten, oft unterm Reetdach, bereit. Dazu kommen noch zahlreiche Appartement- und Ferienhäuser. »Land un Lüüd« freuen sich über »internationalen Besuch« – solange sie keinen Streß verbreiten:«Lat di Tied« (Laß Dir Zeit) heißt nicht nur eine Galerie, es könnte das Nordstrander Lebensmotto sein.

Die Welt der Halligen

Mitten im nordfriesischen Wattenmeer, im Norden teilweise abgeschirmt vom offenen Meer von den Inseln Sylt, Föhr und Amrum, liegt vor der Küste – zwischen Dagebüll und Husum – eine einmalige eigene Welt – die der Halligen. Hier reihen sich die letzten neun der einst über 100 Halligen beinahe kreisrund um die südlichen Nordfriesen-Inseln. Auf Seekarten gleicht ihr Bild dem einer Perlenkette: Hallig Oland – Hallig Nordmarsch-Langeness (beide durch Dämme südlich Dagebüll mit dem Festland verbunden) – dann Hallig Hooge – Norderoog bis hinab zu den dicht an der Küste liegenden Gröde-Appelland und Hamburger Hallig.

Man weiß, daß allein schon zwischen dem 14. und 19. Jahrhundert mehr als 90 Prozent dieser Mini-Inseln, fast alle bewohnt, vom Meer ausgelöscht wurden.

Die große Mandränke 1634, die größte Sturmflut bis dahin, riß allein mehr als die Hälfte der Halligen weg und sprengte zahlreiche Teile vom Land ab. Man hat errechnet, daß damals fast 10 000 Menschen, mit gut und gerne 1300 Häusern, 30 Mühlen und 19 Kirchen in den Fluten untergingen. Während der Februarflut von 1825 zeigte sich, daß auch Warften nur begrenzten Schutz bieten: Die Halligen wurden erneut drastisch reduziert oder büßten viel Land ein. Allein 74 Menschen sollen damals ertrunken sein, von 200 Hallighäusern waren nach dieser Katastrophe noch knapp 30 bewohnbar.

Das umweltfreundliche Fahrrad wird auf allen Inseln lieber gesehen als motorisierte Gefährte.

Halligen sind etwas Besonderes – und sie verändern ihr Gesicht ständig. Halligbewohner wissen selbst nur zu gut, auf welch gefährdetem Boden sie leben: Schließlich sind es noch relativ junge Inselbildungen, die teilweise erst im 17. Jahrhundert in der Form entstanden, wie wir sie heute sehen. Die Philosophie der Halligleute aber lautet: Das umtriebige Leben mag woanders stattfinden, »drüben auf dem Kontinent«; ihre Welt ist hier, alles andere liegt weitab.

Wer diese Gelassenheit nicht aufbringt, taugt kaum für ein Leben hier, und wer nach dem dritten Tag nichts mehr mit sich und dem begrenzten Stück Land anzufangen weiß, wen die Welt des Wattenmeers nur wenig interessiert, dem wandelt sich Ruhe in Langeweile, Entspannung wird zu unerträglicher Einsamkeit. Eine gewisse wild-romantische Neigung muß man mitbringen, um den Ruhezustand genießen als auch Sturmzeiten ausfüllen zu können. Wenn sich die Flut zurückzieht, die See ruhig daliegt und der Strandflieder duftet, dann wird man aber mit dem Anblick belohnt, von dem man hier sagt: »Jetzt lächelt das Meer«.

Nordmarsch-Langeness, die mit 10 Kilometer Länge und 20 Warften die größte und längste der Halligen ist, wird von 150 Menschen ständig bewohnt, die sage und schreibe erst seit der Sturmflut von 1962 an das Strom- und Wassernetz von Land her angebunden sind. Sie hat Größe und Länge erst im Lauf der Zeit durch das »meergesteuerte Zusammenwachsen« der Einzelhalligen Nordmarsch, Langeness und Blutwehl erreicht. Die »Aufgabenbereiche« sind über die Halligwarften verteilt – mit der Ketelswarft als Herz (*Seefahrer-Museum* und *Tadsen-Haus*, aus dem 18. Jahrhundert), der Honkenswarft im Osten (*Trachten- und Wohnkultur-Museum*, mit der sogenannten *Friesenstube*), der Peterswarft (*Wattenmeer-Station*), der Kirchhofswarft im Westen (*Halligkirche* aus dem Jahr 1894 mit bemalter Holzdecke) und der Warft Hilligenley, am südwestlichen »Hafen«, wo Fährschiffe und Ausflugsdampfer festmachen. Nordmarsch-Langeness ist mit der Nachbarhallig **Oland** durch einen Steindamm verbunden. Diese besitzt nur eine einzige Warft, die etwa 40 Einheimische bewohnen und auf der eine *Inselkirche* aus dem Jahr 1824 steht. Sehenswert darin sind die bemalte Decke, der romanische Taufstein sowie ein Votivschiff aus dem Jahr 1733.

Am weitesten vorgeschoben, 20 Kilometer vor dem Festland, liegt die wohl schönste, zweitgrößte, die Hohe Hallig, Königin der Halligen ge-

Die Peterhaitzwarft auf Nordmarsch-Langeness besitzt das typische Krüppelwalmdach.

nannt – mit 570 Hektar Fläche schon fast eine ausgewachsene Insel – die **Hallig Hooge** (von Hörnum/Sylt, Wyk auf Föhr, der größeren Nachbarhallig Nordmarsch-Langeness oder vom Festland aus per Fähre von Schüttsiel aus zu erreichen). Wo sich früher Insel- und Halligbewohner oft als Seeleute auf dänische, niederländische oder deutsche Schiffe anheuern ließen, schippert man heute die Schiffsbesatzungen vor die Haustür unters eigene Reetdach.

Während der Mandränke 1634 wurde das Küstenvorland in Inselstücke gerissen, Hooge völlig abgetrennt. Heute ist sie als einzige teilweise mit Uferbefestigungsanlagen versehen, die neun Warften und die Bewohner besser vor den Fluten schützen. Dabei geht's nicht nur um den Schutz der Einwohner, sondern auch um den der Touristen, die immer zahlreicher die neu entdeckte »Attraktion Halligleben« ausprobieren kommen. Mehrere Badestellen, Möglichkeit zum Fischen und Radeln, Wattführungen, das hat sich ebenso langsam wie sicher herumgesprochen. Auf der Kirchwarft kann man die *Halligkirche* aus dem 17. Jahrhundert, die, neben einer Holztaufe von 1624, das 1825 anläßlich des königlich-dänischen Besuchs gestiftete Votivschiff »Fregatte Frederik VI.« beherbergt, besichtigen.

Wie viele Halligübernachtungen auf das Konto plötzlicher Überraschungsfluten gehen, ist nicht belegt. Aber noch heute holen sie manche so plötzlich ein, daß sie gezwungenermaßen ein Quartier in Anspruch nehmen, wie es Dänenkönig Frederik VI. 1825 erging, hinter dem eine mächtige Sturmflut zu Besuch kam, so daß er nicht mehr rechtzeitig ablegen konnte. In der *»Königspesel«* auf der Hanswarft, hat er dann übernachtet. Ein gewisser Kapitän Baudix baute sich 1776 dieses Warftenhaus, in dem er einen »Pesel« einrichtete – seine persönliche »gute Stube der Erinnerungen und Mitbringsel« aus seiner Seefahrerzeit. Alles Mobiliar, vom gußeisernen Ofen bis zu den Kachelbildern, ist so erhalten geblieben, wie es der Kapitän damals einrichtete – ein gutes Beispiel nordfriesischer Wohnkultur. Heute befindet sich außerdem ein *Naturschutzzentrum* auf der Hanswarft, von der Schiffsausflüge möglich sind.

Auf gleicher Höhe liegt die Hallig **Gröde-Appelland**, trotz Zusammenwachsens der beiden früher getrennten Hallighälften eine der kleinsten, mit drei Quadratkilometern und etwa zehn Einwohnern die kleinste Gemeinde Deutschlands. Knudswarft und Kirchwarft sind die einzigen »bewohnten Hügel«, beide im äußersten We-

Bei stürmischem Wetter schlagen die Wogen über die Kurpromenade von Helgoland.

sten, letztere mit typischer *Halligkirche* (1779), wo Schule und Pastorat unter einem Reetdach untergebracht sind; den prächtigen Renaissancealtar von 1592 und die noch ältere Kanzel sollte man sich ansehen! Die wenigen ebenso typisch reetgedeckten Friesenhäuser bieten zwar schon mal ein Dach überm Kopf, aber keine Bewirtung (Die Halligbewohner werden ihren »Pharisäer« also in den eigenen vier Wänden schlürfen...).

Die südlichere, vor Bredstedt und Reußen gelegene **Hamburger Hallig** dürfte damals die kleinste gewesen sein, als sie einem Hamburger Kaufmann gehörte, der sie 1624 als »Vorland der Insel Alt-Nordstrand« pachtete und ihr auch den Namen gab; sie lag so dicht am Festland, daß man durch das Kögen (die Gewinnung von Land durch das Anlegen eines Koogs) vor Bredstedt zusätzlich Boden »gutmachen« wollte. Die Mandränke zerstörte diese Pläne nachhaltig. Eine der beiden Restinseln wurde von einer späteren Flut ins Meer gerissen. Im 19. Jahrhundert gelang es dann, einen Koog erfolgreich anzulegen; 1860 baute man einen Damm zur Hallig, bis heute hat man vor Reußen dem Meer schon so viel Land abringen können, daß die Hamburger Hallig durch Reußenköge völlig ans Festland angekettet ist. Ein schmaler Damm führt hinüber, und wer eine echte Abenteuer-Risiko-Rallye erleben will, befahre einfach mal diesen Damm, auf dem man sich wie bei einer Gratwanderung fühlt. Wer die beiden Betonspuren aus Versehen verläßt, die einigermaßen parallel verlaufen, landet unweigerlich an einem Weidezaun oder Holzpflock.

Bremsschwellen in regelmäßigen (engen) Abständen machen die Fahrt zu einem Vergnügen für an Horrortrips interessierte Piloten, aber so richtig spannend wird es beim Hin- oder Herüber, wenn ein anderes Mutprobengefährt entgegenkommt und man schon an seiner Ausweichmöglichkeit vorbei – und vor der eigenen Strecke keine in Sicht ist. Einer muß dann den Krebsgang einlegen und versuchen, heil rückwärts zur nächsten Ausweichstelle zu kommen. Viel Spaß dabei!

Habel ist die winzigste der Halligen. Sie liegt zwischen Gröde und dem Festland, ist circa vier Hektar groß und nach letztem Stand unbewohnt. Sie wird als Weideland genutzt, Schafe sind die einzigen, die auf der Minihallig leben, die durch die Sturmflut von 1362 entstanden sein soll.

Die westlichste Hallig, **Norderoog**, ist neun Hektar groß, liegt so weit draußen, daß sie auf kaum einer Küstenkarte vermerkt ist. Vielleicht liegt das auch daran, daß sie seit langer Zeit nicht mehr bewohnt, sondern als Vogelbrutkolonie genutzt wird. Nur ein Jordsander Vogelwärter lebt hier im Sommer, um die vielfältigen Vogelarten zu beobachten und die Tiere zu betreuen.

Hallig **Nordstrandischmoor** liegt nördlich von Nordstrand, auf halber Strecke zur Hamburger Hallig, und ist fast 200 Hektar groß. Sie gilt als Reststück von Nordstrand, abgesprengt von Sturm und Brandung. Einheimische nennen sie auch Lüttmoor. Wer die Hallig per Schiff, zum Beispiel von Nordstrand oder über den Steindamm vom Festland aufsucht, findet nur wenige Übernachtungsmöglichkeiten vor.

Hallig **Süderoog** ist, wie der Name sagt, das südliche Auge von Norderoog, und liegt südlich von Pellworm im Norderhever-Gebiet des schleswig-holsteinischen Wattenmeeres. Besucher finden ein einsam gelegenes Haus, von dem aus Wanderungen mit Wattführung möglich sind. Meist starten diese aber in Pellworm durch in Richtung auf die Vogelschutzzonen um Süderoog.

Bleibt die letzte noch existierende, **Hallig Südfall**, die zwischen Pellworm und Nordstrand liegt, etwas nördlich der Halbinsel Norderstedt. Eindrucksvoll – je nach Wetter – eine Kutschfahrt im offenen Pferdefuhrwerk ab Nordstrand: sieben rumpelige, aufregende, manchmal von oben wie unten nasse Kilometer, die uns den Komfort von noch so alten Bussen schätzen lehren; es ist ein wirkliches Erlebnis, denn vom Wagen aus kann man das reichhaltige Wattenmeerleben hervorragend kennen- und bewundern lernen, sieht die Wattwürmer »bei der Arbeit«, Krebse, Schnecken, Vögel... Angeblich findet man beim Wattwandern noch heute Reste der erst unterspülten, dann versunkenen Alt-Nordstrander Hafenstadt Rungholt, von der man sagt, sie sei eine Handelsstadt der Ur-Nordfriesen gewesen, von unermeßlichem Reichtum gesegnet, aber – so die Sage – »berüchtigt ob ihres gotteslästerlichen Lebens«, so daß sie während der Januarflut 1362 zerstört und – als Strafe Gottes für das Sündenbabel im Watt – davongerissen worden. Das Wattenmeer um Südfall soll die »von Gott versenkten« Reste der Hafenstadt bedecken. Wer im Schlick herumgräbt, kann durchaus auf irgend etwas treten, was

Das Signet des Wassersportclubs Helgoland.

die Flut kurz zuvor aufgespült hat. Man fand metallene Hausratsgegenstände und Handwerkszeug, Krüge, Kessel und anderes, was in besonderen Fällen neuen Aufschluß über das Leben der damaligen Rungholter erbringt. (Mehr über diese einstige »Traumstadt der Friesen« ist einer Ballade Detlev von Liliencrons zu entnehmen!)

Lange wohnte hier noch eine Gräfin, die die Einsamkeit liebte; man munkelt, es müsse sich um ein ruheloses Gespenst gehandelt haben, vielleicht die einstige Herrin der Stadt Rungholt? Wer sonst könnte so verrückt sein, ganz allein auf einem solchen Stückchen Land zu leben!

Heute brüten hier Abertausende von Vögeln, die man von Nordstrand aus per Wattwanderung oder Pferdekutsche besuchen kann.

Blick vom mit Strandhafer bewachsenen Nordostdeich von Helgoland auf die felsige Steilküste.

Helgoland

Neben Halligen und Friesischen Inseln sei die einzige »deutsche Hochseeinsel« nicht vergessen, die 65 Kilometer vor Cuxhaven im Meer liegt. Im Vergleich zu den anderen mutet sie riesig an. Sie ist knapp einen Quadratkilometer groß, hier leben etwa 2500 Einwohner – überwiegend im »Unterland« zwischen Südstrand und Klippen.

Wenn man auf die Insel zufährt, fallen einem schon früh die roten Felsen auf. Der größte Fels, die »Lange Anna«, ist das Wahrzeichen der Insel. Nach Helgoland kommt man am besten mit dem Schiff, die großen Kähne können allerdings nicht bis in den Hafen einfahren; kleine Motorboote, die Börten genannt werden, bringen den Reisenden schließlich in den Hafen.

Die Insel war schon früh besiedelt, ersten schriftlichen Zeugnisse stammen aber erst aus einem Reisebericht des 11. Jahrhundert.

Im 13. und 14. Jahrhundert war die Insel ein Zufluchtsort für Seeräuber. Nachdem ihre Köpfe unter dem Beil des Henkers gefallen waren, damit die Seehandelswege für die Hansestädter frei waren, kehrte auf Helgoland wieder Ruhe ein.

Doch nicht für lange, denn ständig tobte der Kampf um Elb- und Seehoheit.

Inzwischen hatten Hamburger, Stader und Bremer Kaufleute die Insel in Besitz genommen und machten von hier aus Geschäfte – bis im Dreißigjährigen Krieg französische Schiffe die Insel überfielen, um die andersgläubigen (protestantischen) Hanseaten auszuplündern. Danach fiel die Insel an Dänemark, später an das Herzogtum Schleswig-Gottorp, schließlich 1714 zurück an Dänemark, bis endlich während der napoleoni-

schen Kriege im Jahre 1807 die Engländer auftauchten. Bis ins Jahr 1890 waren sie die Herren der Insel.

1826 begann die Seebadepoche auf Helgoland. Die Insel erholte sich wirtschaftlich, unter der Herrschaft Englands gab man sogar eigene Briefmarken heraus.

1890 wurde Helgoland schließlich deutsch; Kaiser Wilhelm II. tauschte sie gegen die deutschen Kolonien Somaliland, Wituland und die deutschen Niederlassungen auf der Insel Sansibar ein. Jetzt wurde die kaiserliche Marine aktiv, Helgoland zur Seefestung samt U-Bootbunker umgerüstet. Im Ersten Weltkrieg stand die Insel nur am Rande des Kriegsgeschehens.

Die alliierten Kampftruppen verzichteten angesichts der starken Befestigungen lieber auf einen Angriff. Im Versailler Vertrag wurde dann allerdings die Zerstörung aller militärischen Anlagen befohlen und diese gesprengt. Unter den Nationalsozialisten erfolgte zwar dann erneut der Wiederaufbau der militärischen Anlagen, diese wurden allerdings 1945 bei einem Großangriff der britischen Luftwaffe in die Luft gesprengt. Nach Kriegsende versuchten die Engländer, die ganze Insel in die Luft zu jagen; alle Bewohner mußten zu diesem Zweck die Insel verlassen. Doch die Felsen widerstanden allen Sprengungsversuchen. Noch nach Kriegsende wurde die Insel immer wieder zu Bomberzielflügen mißbraucht.

Nach 1952 begannen die Helgoländer mit dem Wiederaufbau, die Insel kam erst 1953 hoheitlich an Deutschland zurück.

Dieser 1. März 1953 wurde zu Beginn der achtziger Jahre ein großer Inselfesttag. Später war der 26. August 1991 ein großes Jubiläum, da jährte sich nämlich zum 150. Mal das Entstehungsdatum des »Lieds der Deutschen« des Dichters Heinrich Hoffmann von Fallersleben, der hier 1841 als politischer Flüchtling auf dem damals englischen Eiland lebte.

Viele werden heute durch Helgolands Lage in der zollfreien Zone zum Tagestrip auf die Insel gelockt. 1991 beförderten die Fähren von Wilhelmshaven und Cuxhaven die Rekordzahl von 150 000 Tagesgästen hierher. Diese Zigaretten-Schnaps-Parfum-Besucher hetzen nur durch die Gassen, werfen einen eiligen Blick zum Felsplateau, ehe die Schiffsglocke die Schnäppchenjäger wieder zurück an Bord ruft. Die meisten dieser Ex-und-Hopp-Besucher haben keine Ahnung, was ihnen entgeht.

Wer mit Geduld, Zeit und Neugier auf Helgoland war, hat garantiert viel erlebt und gesehen: Millionen Vögel, die in den Felsen nisten, ruhige Buchten, Badeplätze, ein Besuch bei den Haien im *Aquarium*, im *Meerwasser-Freischwimmbad* oder auf der Düne, einer Badeinsel, die seit 1720 von der Hauptinsel abgetrennt ist.

Von der Vogelwarte im Oberland aus, wo jährlich 20 000 Vögel gefangen, beringt und registriert werden, kann man zu einer Klippenwanderung antreten und dabei die *Lange Anna* und den *Lummenfelsen,* in dessen steil abfallender Wand seltene See- und Strandvögel in Felsspalten nisten, sowie das Mittelland bewundern.

Neuwerk und die Vogelinseln
Scharhörn und Nigehörn

Im Mündungsgebiet der Elbe verwaltet die Freie und Hansestadt Hamburg einige Inseln, was in der Öffentlichkeit weitgehend unbekannt ist. Die althamburgischen Inseln **Neuwerk** und **Scharhörn** sowie die erst 1989 geschaffene Vogelinsel **Nigehörn** und weitere, vom Naturschutzbund und Hamburg gemeinsam betreute Wattenmeerbereiche gehören zum 1990 als Nationalpark Hamburgisches Wattenmeer ausgewiesenen, fast 12 000 Hektar großen Gebiet. Der lange vom Naturschutz vernachlässigte Bereich an der Elbmündung – zwischen nord- und ostfriesischem Wattenmeer gelegen – dient als Vogelschutzgebiet und Wellenbrecher gegen die Flut, die im Elbmündungsdelta eine wichtige Funktion als Wassererneuerer hat.

Die Hanseaten, die seit etwa 1100 um freien Durchgang über die Elbe zum Meer, ihrem wichtigsten Transportweg und ihrer ertragreichsten Wirtschaftsroute, kämpfen mußten, sich auf diesem Wege auch goldene Nasen verdienten, sind heute mit ihrem Besitz aber auch in der Pflicht, was die Zukunft des ökologisch bedeutenden Lebensraumes Wattenmeer angeht.

Neuwerk hat die längste und aufregendste Geschichte aller Sandbänke vor Cuxhaven. Es ist seit etwa 700 Jahren eine wirkliche Insel, vorher nur eine unbewohnte Hallig namens »Nige Oog«. Für die Hamburger war Neuwerk ein wichtiger Festungsvorposten – 120 Kilometer vom Hamburger Rathaus entfernt und 12 Kilometer weit in See. Hier mußten alle Schiffe vorbei...

Die Insel ist mit 300 Hektar Fläche dreimal so groß wie Helgoland, wird aber von kaum vierzig Menschen bewohnt. Die zahlreichen Vogelarten, die Insel und Watt bevölkern, sind eindeutig in der Überzahl. Vom Cuxhavener Strand aus kann man sie zu Fuß bei Ebbe leicht erreichen; ansonsten gibt es einen regen Wattwagenverkehr. Bei Flut nimmt man die Motorfähre.

Ursprünglich hatten die Hamburger die Watteninsel von den Niedersachsen erworben, um einen Tiefseehafen zu bauen, der auch großen Handelsschiffen das Anlanden ermöglichen oder Tankern und Frachtern den Weg in den gut 100 Kilometer weiter flußaufwärts liegenden Hamburger Hafen ersparen sollte.

Der *Leuchtturm*, das Wahrzeichen der Insel, entstand aus Resten eines Wehrturms von 1370. Der neue Turm hat im Laufe der Jahrhunderte allen Wettern, Seeräubern und sonstigen Eroberern getrotzt, ist heute Leuchtfeuer und Ausflugsrestaurant zugleich – mit einer traumhaften Aussicht über Watt, Meer und Küste. Der Aufstieg moderner Inseleroberer kostet Schweiß: 140 Stufen führen im Innern des imposanten Turms hinauf. Ein *Seemannsfriedhof* in der Nähe des Turms zeugt von der bewegten Geschichte der Insel, die bereits seit 1286 ein Leuchtfeuer hatte und damit Wegweiser für die Schiffahrt war. Ein Spaziergang auf der Insel ist dabei nicht nur wegen der so artenreichen Fauna interessant: Sowohl der Leiter

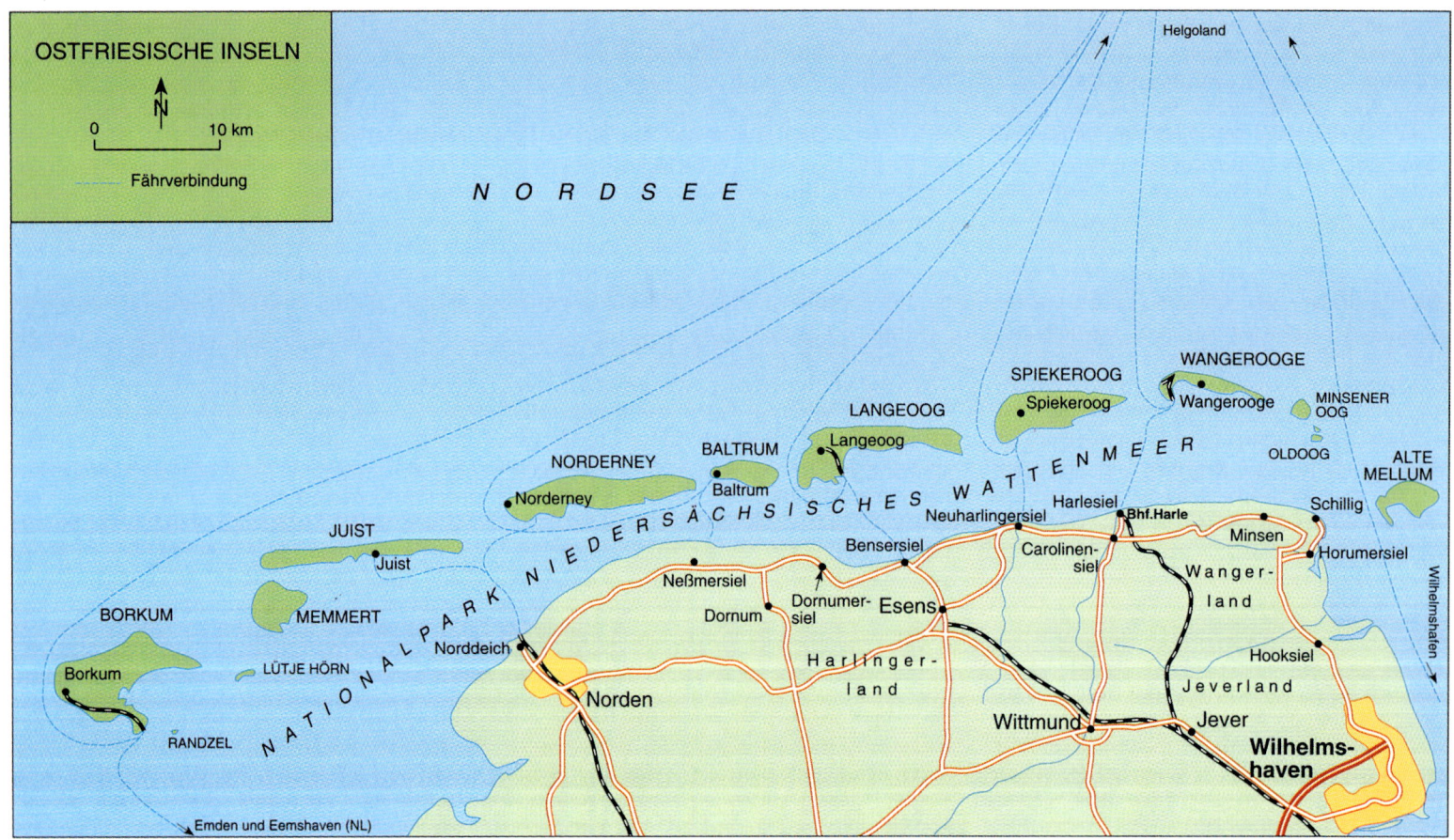

OSTFRIESISCHE INSELN

N

0   10 km

Fährverbindung

NORDSEE

Helgoland

NATIONALPARK NIEDERSÄCHSISCHES WATTENMEER

WANGEROOGE

SPIEKEROOG
Spiekeroog

MINSENER OOG

LANGEOOG
Langeoog

Wangerooge

OLDOOG

ALTE MELLUM

NORDERNEY
Norderney

BALTRUM
Baltrum

Harlesiel

Neuharlingersiel

Bhf. Harle

Schillig

JUIST
Juist

Benersiel

Carolinen- siel

Minsen

Horumersiel

Neßmersiel

Dornumer- siel

Wanger- land

BORKUM

MEMMERT

Dornum

Esens

Hooksiel

Borkum

LÜTJE HÖRN

Harlinger- land

Jeverland

Wilhelmshaven

Norddeich

Wittmund

Jever

RANDZEL

Norden

Wilhelms- haven

Emden und Eemshaven (NL)

des Hydrographischen Instituts als auch der Neu-
werker Inselobmann bestätigen, daß man sich
nach kräftigem Wellengang am Strand von Neuwerk mit Bernstein bereichern kann. Auch die
Frage, wem die Funde offiziell gehören, ist ge-
klärt: dem Finder, der damit – im wahrsten Sinne
des Wortes – »steinreich« werden kann!

Das Fährschiff »Nige Ooge« verkehrt zwischen
April und Oktober regelmäßig, ebenso wie die
Wattkutschen und geführten Wattwanderungen
in dieser Zeit angeboten werden.

Ein Naturschutzgebiet, der *Kleine Vogelsand*, ist
ebenso interessant wie eine Wattwanderung zur
bis heute unbewohnten Sandinsel Scharhörn
oder zur Hamburger Düneninsel **Nigehörn**, wo
allein mehr als 35 000 Seevögel unterschiedlich-
ster Arten nisten.

Schon einen Winter nach ihrem künstlichen Entstehen hatte Hamburgs jüngste Insel ihre erste
Sturmprobe zu überstehen. Erfreuliches Ergebnis:
kein größerer Schaden. Übrigens bedeutet der
Name nichts anderes als »Die Neue an der Wattkante« – Nige = neu und Hörn = Wattkante). Diese Vogelinsel ist für Besucher völlig gesperrt.

Wesentlich schwerer erwischt hatte es die be-
nachbarte Vogelinsel **Scharhörn**. Dort riß die
Flut an der Westseite etwa 10 Meter breite Dü-
nenbereiche davon. Dabei gilt die Scharhörner
Platte als Wattfläche, die nur selten von der Flut
bedroht oder völlig überspült wird. Scharhörn
verliert alljährlich durch die Brandung an der
Seeseite ein paar Meter und verlagert sich jährlich
etwa um 10 Meter nach Südosten. Man spricht
daher von einer »leicht wandernden Düneninsel«. Was die Brandung im Westen mitnimmt, la-
gern Wind und Stürme im Osten wieder an.

Jede Vogelart ist hier willkommen – allein auf
Scharhörn mausern mehr als 100 000 Brandgänse. Dazu kommen etwa 8000 Seeschwalben, aufge-
teilt in Zwerg-, Brand-, Fluß- und Küstensee-
schwalbe, sowie die Sandbrüter See- und Sandre-
genpfeifer und in den dichten Strandroggendü-
nen brütende Rotschenkel. Wiesenpieper, Austernfischer und Feldlerche vervollständigen diese vielseitige Vogelwelt, die in dieser Artenvielfalt
und Individuenzahl wohl einmalig in ganz
Deutschland ist.

Reiten und Befahren ist auf Scharhörn ganzjährig
und vollständig verboten, während Wandern
und Spazierengehen nur unter Aufsicht und An-
leitung der Nationalparkverwaltung oder des die
Insel naturschützerisch betreuenden Vereins
Jordsand genehmigt werden kann.

Verbauungen mit dicken Holzbalken sollen Wangerooge vor weiteren Landverlusten durch Fluten schützen.

Die Ostfriesischen Inseln

Die Ostfriesischen Inseln sind relativ junge Gebil-
de, noch kaum zweieinhalbtausend Jahre alt. Die
»Sieben Ostfriesischen Schwestern« sind nicht
abgebrochene Teile des Festlands, sondern durch
Sandtransport entstanden.

Die robustesten und vor allem salzverträglichsten
Pflanzen siedelten sich dabei auf den ersten
Strandwallbildungen an. In der Anfangsphase
war dies vor allem die Strandquecke. Die Pflanzen hielten weiteren Sand fest, Aufwehungen
entstanden und später auch Dünen, die über dem
Wasserspiegel lagen und in der Folge auch nicht
mehr überflutet wurden. Mit dieser Entwicklung
ging auch immer eine Abnahme des Salzgehalts
im Boden einher.

Je mehr Sand angelagert oder seewärts antrans-
portiert wurde, desto älter wurden die Ursprungs-
dünen und um so auffälliger änderte sich auch
ihre Vegetation.

Auf jeder Insel lassen sich drei verschiedene Ty-
pen von Dünen antreffen, die farblich leicht von-
einander zu unterscheiden sind. Die ältesten Dünen sind die Tertiärdünen, die braun gefärbt sind.
Etwas jünger sind die grauen Sekundärdünen, am
auffälligsten sind die weißen Primärdünen, vor

denen sich schon wieder neue niedrige Embryo-
naldünen anzusammeln beginnen.

Auch an der Wattenmeerseite breiten sich die Inseln aus, und zwar in einer flachgründigen Zone
im Schutz der Dünen, wo sich der Schlick absetzt
und verfestigt. Hier entstehen die sogenannten
Salzwiesen, die in Ostfriesland auch »Heller« genannt werden. Mit abnehmendem Salzgehalt
werden diese Flächen auch landwirtschaftlich
nutzbar, meistens entstand Weideland, das nach
dem Eindeichen auch besiedelt werden konnte.

Auf jeder Insel befinden sich offiziell ausgeschil-
derte Ruhezonen, das sind die am strengsten geschützten Areale im Nationalpark in denen strenge Regeln gelten.

Hier sind keine Aktivitäten außer Wandern, Reiten und Kutschfahren erlaubt, und auch dies
meist nur auf ausdrücklich bestimmten Wegen
und Routen; die Natur hat absolute Vorfahrt vor
allen anderen Belangen.

Dazu kommen aber auch die Erholungszonen,
die speziell für die Bedürfnisse von Touristen und
Urlaubern vorgesehen sind und in denen man
nach Herzenslust dem Freizeitspaß frönen kann –
solange es den lieben Nachbarn nicht stört.

In den »Zwischenzonen«, die vor allem zur Zeit
der Vogelbrut geschont werden sollen, ist der

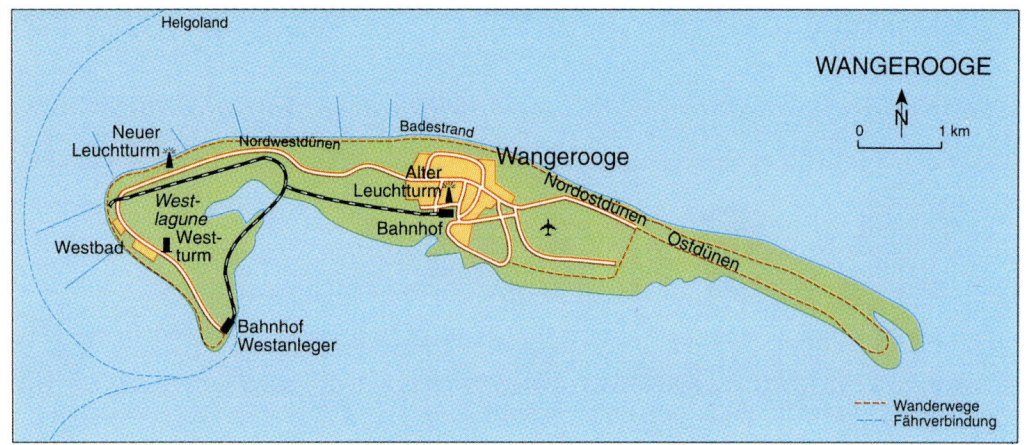

Mensch als umweltbewußter Gast erwünscht, der sich an die für alle aufgestellten Grundsätze hält. Informieren kann sich der Urlauber über diese Tabubereiche anhand von Informationsblättern, die ihm bereits auf dem Weg in sein Inselparadies ausgehändigt werden.

Wangerooge

ist die östlichste der so verschiedenen »ostfriesischen Schwestern«. Sie gehörte aber nicht wie die anderen zu Ostfriesland, sondern war immer ein Teil des Herzogtums Oldenburg. Daran erinnert gleich bei der Ankunft der Bahnhof im großherzoglich-oldenburgischen Stil.

Auch sie hat das Privileg, sich wie die Nachbarin Norderney »Niedersächsisches Staatsbad« zu nennen, zumal hier 1804 – ein Oldenburger Landesherrin tat dies durch die gnädige Spende einer Badekutsche und eines Zeltes – als zweite Insel der Badebetrieb aufgenommen wurde.

Ihre Westausläufer mit *Westturm* und -anleger liegen kaum zwei Kilometer von der Ostspitze Spiekeroogs entfernt, nur eine schmale Fahrrinne verläuft durch die Vogelschutzgebiete im Watt, die im Süden beiden Inseln vorgelagert sind.

In Harlesiel auf dem Festland können Anreisende ihren Pkw in einer Garage abstellen. Einen Teil der Reise unternimmt man auf der letzten Schmalspurbahn, die die Deutsche Bahn heute noch unterhält, und auf den einzigen Fähren, die von ihr betrieben werden.

50 bis 60 Meter breit ist der feinsandige Strand auf der zehn Kilometer langen, aber höchstens anderthalb Kilometer breiten Insel, drei Kilometer entfallen davon auf den Hauptstrand um das Inseldorf, das 1854, nach einer Sturmflut, die den früheren Hauptort völlig vernichtete, im Zentrum der Insel komplett neu errichtet wurde.

FKK kennt man nicht, will man auch nicht tolerieren. Wer es – auch abseits der Badezentren – riskiert, kann sich Ärger auf den entblößten Hals holen. Strand- und Dünengebiete stehen – wie erwähnt – unter Naturschutz, die noch vorhandene Bunkerlandschaft hinterläßt aber nicht eben einen friedlichen Eindruck.

Militärische Lasten hatte die Insel, die immer strategische Bedeutung besaß, häufig zu ertragen. So wurde zum Beispiel zu Anfang des Ersten Weltkrieges aus sogenannten militärtaktischen Gründen der 1597 erbaute *Westturm*, der den Schiffen die Einfahrt in den Bremer Hafen gewiesen hatte, weggesprengt.

Im Krieg wurde die Insel mehrmals Opfer massiver Bombenangriffe. 1932 wurde als Ersatz für den alten Turm ein neuer im Westen gebaut, heute ist in ihm eine Jugendherberge untergebracht.

Auf Wangerooge gibt es alle Einrichtungen, die für einen Kurbetrieb üblich sind. Die Strandpromenade ist als Blumenallee angelegt, es gibt eine Kurkonzertbühne, ein Kurhaus und ein Meerwasser-Hallenbad mit Sauna und Solarium.

Im Ortsinnern befindet sich außerdem ein 1856 in Betrieb genommener Leuchtturm, der heute ausgemustert als Aussichtspunkt benutzt wird und in dem auch das Wangerooger *Heimatmuseum* untergebracht ist.

In den Dünen im Osten findet man eine Hütte – die Vogelwarte, direkt vor der Brandung bzw. Ebbe-Watt, wo sich zahllose Vogelarten – nicht nur zum Nisten – niederlassen. Hier wird der Strand unbelebter, der Erholungsuchende kann hier zu echter Ruhe und Entspannung finden.

Spiekeroog

Westlich von Wangerooge, am Ausgang des Jadebusens vor Wilhelmshaven, liegt die »grüne Insel« **Spiekeroog**, die diesen Titel zu Recht trägt, denn sie besitzt das größte Baumvorkommen aller Ostfriesinseln.

Auf sieben Kilometer Länge und zwei Kilometer Breite bietet Spiekeroog besten Strand, oft 100 Meter und mehr breit und gut zu erreichen. Landschaftlich besonders erwähnenswert sind die Vogelkolonien im Osten der Insel sowie die Salzwiesen im Süden Spiekeroogs, wo ein einzigartiges Wattenrand-Biotop entstanden ist. Spiekeroog ist 14 Quadratkilometer groß und behei-

Die Ausflugsdampfer der weißen Flotte bringen jedes Jahr Tausende von Touristen zu den Inseln.

matet rund 1000 Einwohner. Die meisten von ihnen leben in einem großen Dorf, das zur einen Seite von Dünen, zur anderen Seite von einem kleineren, für Ostfrieseninseln aber außergewöhnlichen Wald und Wiesen begrenzt ist.

Spiekeroog erreicht man in einer Stunde Fährzeit ab Neuharlingersiel. Fährenpassagiere wurden bis 1981 vom Landungssteg mit einer lustig-bunten Inselbahn ins Dorf transportiert.

1998 jährt sich zum 600. Mal die erstmalige Erwähnung des Ortes – allerdings hat sich seither nicht nur die Lage der Insel reichlich verändert. Seit 1398 war sie eine Insel der Fischer, zu Beginn des 15. Jahrhunderts auch Unterschlupf der Likkedeeler um den Seeräuber und Piraten Klaus Störtebeker (weshalb behauptet wird, von der Bezeichnung »Speicherinsel« stamme der Name; andere behaupten, es habe schon ein Geestdorf dieses Namens gegeben, das während einer der Sturmfluten im Mittelalter untergegangen sei).

Der Blanke Hans »gibt und nimmt, wie er will«, im Fall Spiekeroog hat er alles auf den Kopf gestellt, ähnlich der Wangerooger Geschichte: stand das Urdorf einst im Westen, durch eine Strandmauer befestigt, die im Lauf der Jahrhunderte ständig erneuert oder neu errichtet werden mußte, weil jede Sturmflut ihr Stück mitnahm, baute man das heutige Dorf Spiekeroog später weiter landeinwärts, geschützt von Flut durch hohe Dünenketten.

Eine andere Einnahmequelle für die Daheimgebliebenen war über Jahrhunderte hinweg das »Strandgut-Fischen«. In der 1696 erbauten *Inselkirche*, die mit einer bemerkenswerten Renaissancekanzel bestückt ist, kann man Fundstücke aus dieser Tätigkeit noch sehen: Kanzel, Altarbilder und Kirchenschmuck sollen aus dem Bauch eines spanischen Armada-Schiffes stammen, das 1588 vor Spiekeroog auf Grund lief.

Das Gerücht hält sich hartnäckig, daß das Drama um das Auswandererschiff »Johanna«, das vor Spiekeroog 1854 strandete, zur Gründung der »Gesellschaft zur Rettung Schiffbrüchiger« geführt habe. Damals, so die Archive, brach die »Johanna« in wüstem Wintersturm vor der Insel auseinander, und die Spiekerooger wurden hilflos Zeugen, wie mehr als 80 Passagiere in der Flut ertranken, die auf dem alten *Strandfriedhof* beigesetzt wurden. Im *Inselmuseum* hängt noch die Schiffsglocke des gestrandeten Schiffes.

Auch politisch mußte man einiges über sich ergehen lassen: Als Napoleon alles bis in den hohen Norden im Griff hatte, hielt er auch Spiekeroog

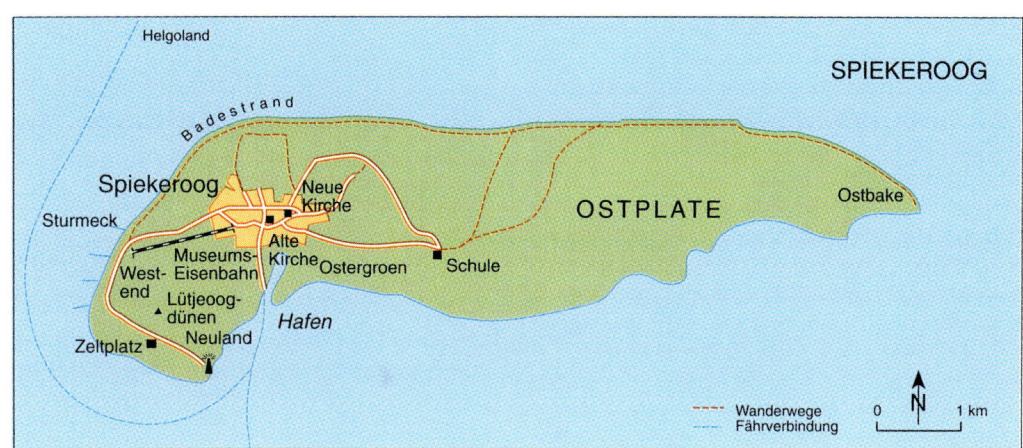

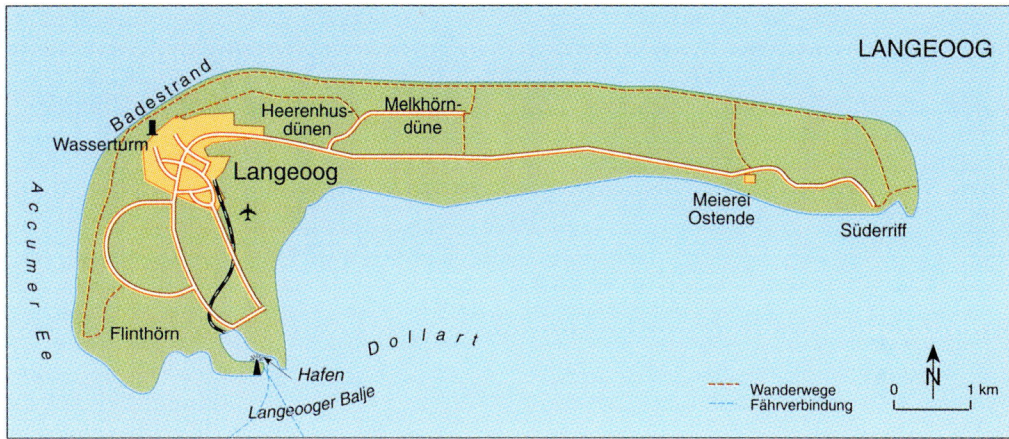

besetzt. Wahrscheinlich ging es ihm darum, sie als Festungsinsel gegen das britisch besetzte Helgoland auszubauen, was dann – folgerichtig – 1812 zu kriegerischen Turbulenzen vor der Insel führte, die von einem britischen Schiffsangriff herrührten; die Briten versuchten, auf der Insel zu landen, wurden aber von den Franzosen vernichtend zurückgeschlagen.

1840 begann hier der Badebetrieb, und es dauerte nicht lange, bis daraus ein echtes Nordsee-Ferien- und Heilbad wurde. Erholsamen Strand gibt es in Hülle und Fülle, interessante Dünenabschitte, vor allem die grünen Zonen mit außergewöhnlichen Kiefernwäldern ebenso wie das malerische typisch-altfriesische Dorf Spiekeroog mit vielen erhaltenen Häusern und Katen. Ganzjährige Kurmittel- und Bädereinrichtungen sind ebenso selbstverständlich wie Feste aller Art, Möglichkeiten zum Segeln und Surfen, Reiten, Radfahren, Tennisspielen und Fährtouren. Zur Unterhaltung gibt es in Strandnähe die »Strandhalle«, außer-

dem Teestuben, Restaurants und Kneipen. Man findet noch eine ursprünglich gebliebene dörfliche Idylle vor, die nicht in Betonburgen erstickt wird. Spiekeroog ist die hübsch restaurierte, gepflegte »Dorf-Schöne« unter den Inseln, ohne altbackene Idylle, sie hat ihren Reiz für alle, die abseits des Strandlebens auch ein lebendiges Inselabend- oder gar Nachtleben erwarten.

Langeoog

Es gab Zeiten, da war man hier heilfroh, wenn die Prominenz die Insel links liegen ließ, auch wenn man früher einmal– im Falle des Fürsten von Schaumburg-Lippe – über die »rivalisierenden Schwestern« Baltrum und »die feine Norderney« triumphierte.

Das war vor über 100 Jahren der Fall, als der Fürst mit dem hannoverschen Hof zeitweilig im Streit lag, zur Sommerfrische deshalb mal demonstrativ »woanders« hin wollte. Er kam nach Langeoog, damals sehr ungewöhnlich und keineswegs schick; die Insel war auf Urlauber kaum eingestellt. Sein Zürnen dauerte nur kurz, das exklusive Hofleben auf Norderney, der königlichen Sommerresidenz des hannoverschen Hofes seit 1836 unter Georg V., nahm ihn wieder auf – und die Langeooger waren auch ganz froh darüber. Nur das Haus des Kaufmanns Leiß, in dem der schmollende Fürst logiert hatte, übernahm den Namen »Fürsten von Schaumburg-Lippe«, sonst blieb man bescheiden, bemüht, nicht so ein Modebad zu werden wie andere Schwesterinseln.

Dafür kümmert man sich mit Hingabe um Gäste, die Langeoog bewußt ansteuern, von dieser Sorte Leute gibt es eine Menge, sie gehören praktisch

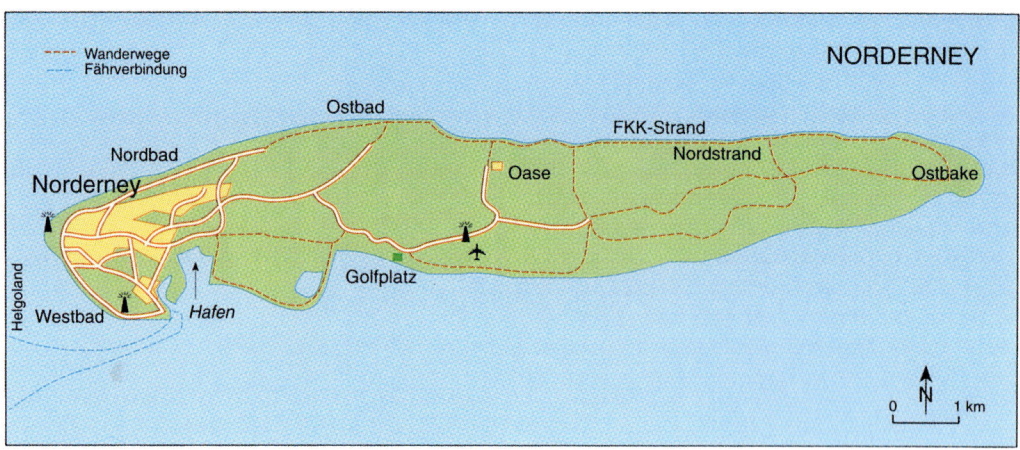

Ausgedehnte Dünenlandschaft auf Baltrum, deren Strand weltweit zu den feinsten gehört.

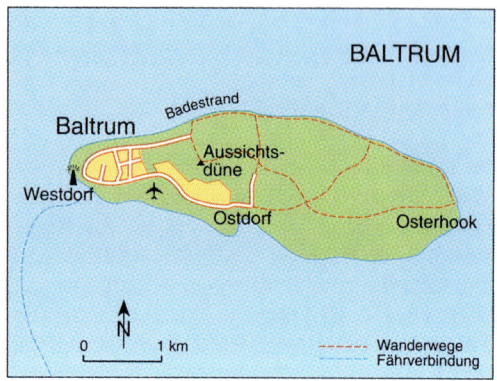

»zur Familie«. Viele buchen schon im alten Jahr aufs neue die Tour Bensersiel-Fährschiff-Hafen-Langeoog, weil sie sich fühlen, als wären sie Einheimische, wie das zum Beispiel auch bei Lale Andersen der Fall war. Eins der Fährschiffe trägt den Namen ihres großen Erfolges »Lili Marleen«. Lale Andersen war wie eine Inseltochter, besaß über viele Jahre ein eigenes Reetdachhaus und liegt auf dem Dünenfriedhof begraben.

Die Inselgeschichte war hart – geprägt von gnadenlosem Überleben und vom harten Alltag. Man muß sich das vorstellen: Die Gewalt des

Blanken Hans hätte die Insel wirklich einmal beinah »blank« gefegt. Die erstmals im 14. Jahrhundert erwähnte Insel erlebte eine Zeit des erfolgreichen Fischfangs, aber der Ertrag reichte immer schon für nur wenige Familien. 1625 zählte man sieben Höfe, dann ging es eine Zeit lang aufwärts, am Ende der Walfangära lebten hier aber 1717 gerade noch 4 Familien, und 1721 waren es ganze zwei Inselbewohner! Erst um 1740 kehrten die ersten Langeooger zurück, die Übergangszeit bis zum Beginn des Tourismus war dann sehr kurz. Vom Ungemach der Fluten gewarnt, errichtete

man um die Jahrhundertwende Deiche, aber erst 1930 war der Flinthörndeich fertig – 100 Jahre nach Beginn der Geschichte des Badeortes. Auch hier zeigt sich, wie bedacht die Langeooger vorgingen. Bis zum intakten Ferienleben war es ein nicht einfacher Weg: Zwar entdeckte man die Insel nach dem Zweiten Weltkrieg neu – speziell für Kinder-Winterkuren – aber der Wiederaufbau dauerte, so kam es erst in den sechziger und siebziger Jahren zu echtem Urlauberbetrieb.

Als man 1980 das stolze Jubiläum »150 Jahre Badeort« feierte, konnte man Beachtliches vorweisen: Lale Andersens Trauminsel Langeoog ist heute eine Insel der Fußgänger und Radler, mit Deichpromenade, 14 Kilometer Strand, die sich in Form einer gepulten Krabbe verteilen, mit Halbinselkopf im Westen und Dorf Langeoog im mittleren Westen, Süd-Hafen, *Melkhörndüne*, dem mit 29 Meter höchsten Berg Ostfrieslands in der Mitte, im Osten Muschelfelder, Süderriff; Kurpromenadenstrand (drei Kilometer lang, bis zu 100 Meter breit), Kurmittelhaus, Freizeitanlagen, Meerwasser-Wellenhallenbad. In den nicht häßlichen, aber bis auf Reetdachhäuser nicht allzu attraktiven Rotklinkerhäusern befindet sich heute eine Mischung aus Café, Kneipe, Galerien und Restaurant. Inzwischen hat man ein »lautes Haus« (für Kinder) eingerichtet wie auch ein »leises Haus« (für Erwachsene).

»Bloß nich abhe'm.« Was einst Durchhalteparole war, hat sich bis heute als Erfolgsrezept gezeigt. Hier wird der Gast nicht als auszunehmender Geldbeutel angesehen; man bemüht sich um je-de(n) und läßt niemand gehen, ohne allen das etwas widersinnige, hier nur logische »Kiek mal wedder an Land!« zum Abschied mitzugeben.

Baltrum

Baltrum ist die »überempfindliche« Schöne oder das »Dornröschen« der Nordsee, wie man die mit fast sieben Quadratkilometern kleinste Ostfrieseninsel nennt. Sie bietet drei Kilometer wunderbaren Strand, wird gerade von Kennern im Urlaub und als Kur-Heilbad besucht, ist aber im Vergleich die Insel mit den niedrigsten Gästezahlen.
»Empfindlich« ist man bei Fortbewegungsmitteln, die nichts mit den eigenen zwei Beinen zu tun haben! Sogar dem Inselpolizisten, der für den Dienst ein Rad beantragte, hat man eine Absage erteilt: ein Pferd tue es auch, sei zudem auf Baltrum wesentlich günstiger zur Fortbewegung!
Die Fähren von Norddeich und Neßmersiel aus werben mit einer Fahrt auf die Dornröscheninsel der Nordsee – und auch wer vermutet, es mit einem der abgenutzten Anwerbeklischees zu tun zu haben, kann sich dem poetischen Bild nicht entziehen. Die Fähren brauchen 25 (von Neßmersiel) bzw. 90 Minuten (ab Norddeich), die Fahrzeit ist allerdings tideabhängig.
Auf der Mini-Insel zwischen Norderney und Langeoog bewegt man sich strikt zu Fuß. Das fängt beim Verlassen der Landungsbrücken an. Direkt dahinter liegt das Westdorf, und das Ostdorf ist gleich daneben. In diesen beiden Ansiedlungen wohnen etwa 600 Menschen, wobei in der Urlaubszeit bis zu 6000 hinzukommen. Von hier aus startet man am besten zu Wanderungen entlang der Dünen.
Kurz hinterm Dorf erhebt sich eine Aussichtsdüne, die 13 Meter hoch ist. Von hier aus hat man einen guten Blick über das 60 Hektar große Naturschutzgebiet mit einer reichen Strandflora, wo sich seltene Seevögel beobachten lassen.
Beim Blick über das bißchen Wasser, das die Inseln trennt, können Sie sich plastisch vorstellen,

wie weit Baltrum in den letzten drei Jahrhunderten »wanderte«, das heißt von der Flut umgeschichtet wurde: Baltrums Westzipfel lag damals dort, wo Norderney heute im Osten endet.
Optisch kann die Insel wie eine Hallig wirken; viele altfriesische Häuser stehen auf einer Warft, deren Höhe anzeigt, wie hoch die »echte Flut« hinaufreicht. Die reetgedeckte *Kirche* gilt als schönstes Baltrumer Gebäude. In einem besonderen Gerüst neben der Kirche ist das Wahrzeichen Baltrums, die alte Inselglocke, aufgehängt.
Ein sauberer, feinsandiger Strand zieht sich um die Insel, an manchen Stellen bis zu 100 Meter breit, doch erst 1966 ließ sich Baltrum amtlich als Nordseeheilbad bestätigen. Vorher lebten die Be-

Norderney hat nicht nur Prachtbauten aus seiner Zeit als hannoversche Sommerresidenz zu bieten.

wohner recht karg vom Verpachten ihrer Weiden an die Besitzer von Schafherden vom Festland.
Fährausflüge gibts natürlich auch. Alles andere betrachten die Einheimischen bereits als »Rummel«. Wer Rummel will, kann die lächerliche Distanz »nach drüben« zur Nachbarinsel Norderney zurücklegen. Abends kehrt man dann wieder zurück in die ruhig-erfrischende Beschaulichkeit der bescheiden gebliebenen Inselfamilie, wo bald jeder jeden kennt.
Baltrum ist besonders für Familien mit Kindern geeignet, die an den flach ins Meer laufenden

Stränden gut schwimmen üben können, oder für ältere Menschen, die eine ruhige Insel suchen! Wer eine Insel zum Nachdenken, Baden und Spazierengehen sucht, wer endlich einmal Ruhe finden will, wird hier nicht enttäuscht.

Norderney

Jahre bevor auf anderen Inseln das Wort Baden bekannt war, richtete man auf Norderney ein Seebad ein, so wie man das im England jener Zeit »abgeschaut« hatte; das war 1797 – damit war man ältestes »deutsche Seebad«.
Die Norderneyer nahmen sich den Stil britischer Bäder zum Vorbild, was hieß: man betrieb eine

»exklusive« Angelegenheit, um entsprechende Gäste anzuziehen; so wurde man zur exklusivsten der ostfriesischen Inseln, zum »Sylt des Südens«, im ständigen Wettbewerb mit Borkum. Zugegeben: Nach sieben Jahren Seebad zählte man 1804 erst 500 Besucher – schon das war Rekord in einer Zeit, da andere Inseln in Fischerfrust und Walfänger-Vakuum trist vor sich hindämmerten und von den Bewohnern gen Übersee verlassen wurden.
Der ungefragte »Besuch« der Franzosen, die die Insel besetzten, war nur ein kurzes Zwischenspiel,

die 1811 angelegte »Napoleonschanze« erinnert noch daran. Norderney war seit der Zeit König Georgs V. von Hannover ab 1836 »Königliche Sommerresidenz«, ein Hauch dieser Epoche ist noch in den engen Klinkerstraßen, die aus der Pferdekutschenzeit des Biedermeier stammen, zu spüren. Auch das Kurzentrum im Westen der Insel stammt in seinem Kern noch aus dieser königlich-hannoveranischen Zeit.

Ähnlich dem Touristensog, den der dänische König auf Föhr mit seinem Hofstaat verursachte, lockte auch die »Strandresidenz« viele mehr oder weniger prominente Gäste an – Heinrich Heine und Theodor Fontane, die schwedische Sängerin Jenny Lind ebenso wie Alexander von Humboldt, politische Größen wie Blücher, den Reichskanzler Otto von Bismarck, Paul von Hindenburg oder Gustav Stresemann.

Schon 1872 gab es hier die noch heute so beliebten Strandkörbe, ein Jahr später baute man einen *Leuchtturm*, dessen Höhe den Erfordernissen der »neuen Fährenzeit« gerecht wurde (und von dem aus man eine traumhafte Aussicht über die Insel bis nach Juist und das gesamte Wattenmeer hat), 1881 folgte der Ausbau der Kurhausanlagen, und bereits 1931 weihte man hier ein *Meerwasser-Wellenschwimmbad* ein, das damals das erste seiner Art in ganz Europa war.

Norderney liegt sehr viel dichter vor der Küste als die westlichen Inseln Borkum und Juist – Fähren brauchen vom Hafen Norden-Norddeich eine Stunde – unabhängig von Ebbe und Flut, denn Hafen und Stadt liegen im Südwesten, außerhalb des (südlichen) Ostermarscher Küstenwatts und des Wattgebietes, das sich östlich der Norderneyer Bucht ausbreitet. Die Insel ist 26 Quadratkilometer groß, 15 Kilometer lang, bis zu zwei Ki-

Aus den Beeren des Sanddornstrauchs auf Juist wird der hier beliebte Sanddornkuchen gebacken.

lometer breit und wird von circa 9000 Menschen bewohnt, die überwiegend in der im Westen gelegenen Inselhauptstadt Norderney leben.

Diese Insel wird viel häufiger als die Nachbarinseln von Passagier- und Autofähren angesteuert und zählt etwa 150 000 Besucher pro Jahr. Für Urlauber ist es eine ideale Mischung aus weiten Sandstränden, langer Strandpromenade, grünem Seedeich, FKK-Strandabschnitten von gut ein Kilometer Länge am Nordstrand.

1980 zählte man schon mehr als 5000 Strandkörbe auf 15 Kilometer Strandlänge, wobei viele Strände bis zu 500 Meter breit sind! Beliebt ist das Gebiet südwestlich Westbad oder – für FKK-Fans – um die Bucht herum, am Nordbad, das sich bis

weit nach Nordosten zur Weißen Düne hinzieht. 200 Jahre nach seiner Gründung ist Norderney einer der meistbesuchten und modernsten Kur- und Erholungsorte. Er besitzt eine Spielbank und ein modernes Kongreßzentrum; die einzige *Windmühle* der Ostfriesischen Inseln und ein Golfplatz befinden sich ebenfalls hier. Über die ganze Insel führen mit dem Auto befahrbare Straßen, neben Borkum ist Norderney die einzige Insel, wo Autos zugelassen sind; schöner ist allerdings die Tour mit dem Inselbus oder zu Fuß, entlang der mehr als 5 Kilometer langen Strandpromenade, rund um die westliche »Halbinsel« nach Osten.

So sind die historischen Orte der Insel erreichbar, z.B. die 1811 erbaute »Napoleonschanze« – heute von herrlichen Parks umgeben – mit dem idyllischen Schwanenteich und das *Argonnerwäldchen*. Wer schon alles gesehen hat, kann sich auf irgendein Fährschiff begeben, um nach Norddeich, Helgoland, Juist, Baltrum, Wangerooge oder auch zu den Seehundbänken und bis ins holländische Delfzijl zu reisen.

Juist und die Vogelschutzinsel Memmert

Juist ist ein schmales Handtuch zwischen Borkum und Norderney, mit der Vogelschutzinsel **Memmert** als südlichem Trabanten vor der Leybucht – eine mit Dünen reich beschenkte Insel! Sie kann als die »wunderlichste« gelten, da sie

Die windabgewandten Seiten der Dünen werden ales erstes von Pflanzen besiedelt.

mit 17 Kilometern die längste, mit kaum mehr als 500 Meter Breite die schmalste der Inseln. Viele Kilometer lang ist der feinsandige Strand, ausladend, erstaunlich breit die unbefestigten Strandstreifen; die meistbesuchten Strandabschnitte befinden sich an der Badedüne im Norden; einen Großteil der Inselfläche nimmt ein Naturschutzgebiet ein.

Juist müßte man eigentlich umbenennen in Two-Ist (engl.) oder Dueist (ital.), denn zwar haben ein halbes Dutzend vernichtender Sturmfluten in den Jahren 1651, 1660, 1715, 1717 die Insel nach und nach nur an den Rändern zerfleddert, schließlich aber in zwei Teile zerrissen. Wahrzeichen der Insel ist der *Wasserturm* auf einer 21 Meter hohen Düne, von Einheimischen wird der Turm auch »Doornkatbuddel« genannt.

Obwohl keine Autos fahren, hat der Inselrat eine Verfügung gegen Verkehrslärm erlassen: Auch Pferdekutschen sind seither zum Schrittempo verdammt. Und auch die Wellenmaschine im Meerwasserhallenbad arbeitet geräuschlos, um die Ruhe nicht zu stören.

Auf Juist hat man zudem Hochhäuser zu verhindern gewußt. Nicht einmal der »versuchten Bestechung« eines Hotelkonzerns, der auf eigene Rechnung ein Hallenbad errichtet hätte, gab man nach und baute das Bad lieber auf eigene Kosten; wer hoch baut, meint den zweiten oder dritten Stock – drüber baut der Himmel seine Wolken.

Das paßt zur vorsichtigen Haltung – auch ge-nüber dem Tourismus. Die Chronik vermerkt, daß um 1780 der Inselpastor namens Janus vergeblich versucht hat, ein Seebad einzurichten, wie man es aus Britannien kannte. Friedrich II. soll sich den Plänen energisch entgegengestellt haben; erst 60 Jahre später kam man auf die Pläne des Pastors zurück, hat dann allerdings Nägel mit Köpfen gemacht und sich neben Borkum und Norderney als Seebad mit dem »gewissen exklusiven Etwas« etabliert.

Seit Mitte des 19. Jahrhunderts ist man offiziell Heilbad – aber auch danach machten die »Elemente« noch Sorgen: 1877 zerrte der Blanke Hans so heftig im Südwesten nahe der Vogelkoje an der Insel, daß ihm fast der Durchbruch gelungen wäre. Dort liegt heute der *Hammersee*, den man 1885 per Deichbau wie in eine Mausefalle gesperrt hat – heute der einzige Süßwassersee der Ostfriesischen Inseln direkt am Rande des Naturschutzgebietes, wodurch gleichzeitig die Inselränder wieder zu einer »Front« gegen die See zusammengeflickt wurden. Erst 1978 hat man den Ostdorf-Deich-Bahnhof gebaut, der damit nicht nur Verbindung mit der Küste, sondern auch Deichschutz zur Wattenseite wurde.

An der südwestlichen Seite, genau gegenüber der Vogelschutzinsel Memmert, liegt das *Naturschutzgebiet Bill*. Trotz zahlreicher Sturmfluteinbrüche haben sich Insellage und -größe kaum verändert, seit man von ihrer Existenz und Form Unterlagen besitzt – und diese ersten Nachweise stammen

immerhin von 1398, aus der Zeit der See- und Strandräuber. Wer die vor allem im Westen hoch angespülten Dünen sieht, kann sich gut vorstellen, wie leicht man hier Beute verstecken und – bei der Länge der Insel – unbedrängt anlanden und sich ohne Angst vor Entdeckung vor den wenigen Bewohnern verbergen konnte.

Heute ist Juist eine beliebte Kur- und Badeinsel, die auch durch die Nähe von Memmert, der größten deutschen Vogelschutzinsel, Urlauber anzieht. Memmert ist etwa zwölf Quadratkilometer groß und per Boot schnell zu erreichen (fraglich nur, warum man ausgerechnet zu einer Vogelschutzinsel Motorbootfahrten, und auch noch »häufig«, anbietet?). Die Archive sagen aus, daß hier im Jahre 1880 ein gewisser Dr. Leege nach dem Errichten einer Blockhütte alles anpflanzte, was in diesem Grund und Boden möglich war, und anschließend sich dafür einsetzte, die Sandaufspülungsinsel zum Schutzgebiet erklären zu lassen.

Heute sollen dort mehr als 10 000 Silbermöwenpaare brüten. Ein Inselvogt bietet – nach rechtzeitiger Anmeldung – Führungen an. Wer will, kann von hier mit dem Motorboot Ausflüge auf die Nachbarinseln oder zu den Seehundbänken machen, die auch zu Fuß zu erreichen sind. Wattwanderungen, Radtouren, Spaziergänge längs der Insel, das sind Vorlieben, die Urlauber haben sollten, mal abgesehen von der Möglichkeit, den Sommertag auch mit kraftraubende Bad in Meeresbrandung oder am Strand zu verbringen.

Borkum

Die westlichste und größte Ostfrieseninsel liegt 20 Kilometer weit draußen im Meer an der Ostseite der Emsmündung vor Emden.

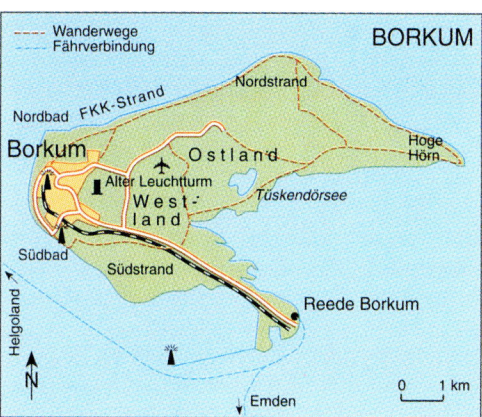

In den bunten Strandkörben auf Borkum ist man vor kaltem Wind gut geschützt.

Von hier gibt es regen Fährverkehr, denn Borkum ist eine »echte Hochseeinsel«, deren Fahrplan nicht abhängig von Ebbe und Flut ist. Die Tour vom Emdener Hafen aus dauert zwei Stunden.

Auf der 35 Quadratkilometer großen Insel wohnen etwa 7000 Menschen; seit 1846 betreiben die Insulaner ein Seebad, aber erst 1950 wurden sie mit Stadtrechten ausgestattet.

Mit den wenigen Einwohnern wickeln die Einheimischen zwei Millionen Übernachtungen im Jahr ab – Tagesgäste nicht mitgerechnet; das nennt man »harten Tourismus« – darauf ist man angewiesen, bemüht sich aber seit 20 Jahren, die entstehenden Umweltprobleme in den Griff zu bekommen. Seit kurzem setzt die Borkumer Kleinbahn statt Diesel Rapsöl (Methylester) ein. Zwar verbraucht man etwa 10 Prozent mehr Kraftstoff, aber Rapsöl wird nach der Verbrennung vollständig abgebaut.

Borkum bietet ganzjährig Heilkuren in echtem Hochseeklima und neben Norderney die meisten Gästebetten. Wer anderen »Reiz« sucht, kann sich entscheiden zwischen Spielcasino, Kurkonzert, Watt- und Dünenwanderungen, (FKK-) Strand oder Kutschfahrten rund um die Insel (besonders zum Naturschutzgebiet »Greune Stee« oder dem noch intakten Muschelfeld »Waterdel-

le«). Ein Trip ins Naturschutzgebiet am *Tüskendörsee* lohnt sich, dort kann man die häufigsten und seltensten Vögel der Region aus der Nähe beobachten (lassen Sie sich mal die Unterschiede zwischen Silber- und Lachmöwe, Trauer-, Stock-, Krick-, Knäck- und Löffelente erklären!). Etwa 250 Brandgänse brüten auf der Insel in Kaninchenhöhlen oder auch in alten Bunkerruinen.

Daneben sind hier Strandläufer, Austernfischer und Kampfläufer genauso beheimatet wie Kuckuck oder Fasan, – einmal abgesehen von den nicht zu zählenden Finken-, Meisen- und Schwalbenfamilien jeder Art.

Am *Alten Leuchtturm* aus dem 16. Jahrhundert, der auch heute noch das älteste Bauwerk auf der Insel ist, liegt der frühere *Inselfriedhof*. Den Grabsteinen ist zu entnehmen, wer hier ruht: Walfänger. Am Rande des Leuchtturmplatzes stehen zwei interessante Bauten: zum einen das Haus der Kurverwaltung, ein weißgetünchtes Gebäude im Stil der Bäderarchitektur, zum anderen ein Hotel, dessen reizvolle Fassade strahlend weiß leuchtet.

Auffallend sind die eigenartigen, grau-weißen Lattenzäune vor einigen Häusern: Es handelt sich um Walknochen, die die Borkumer Männer von ihren Fangreisen mitgebracht hatten. Nach der Walfangära kamen – ab 1850 – Besucher, die al-

lein durch ihren Namen für Aufmerksamkeit sorgten, wie zum Beispiel Wilhelm Busch. Die »preußische Insel« hat, trotz des zunehmenden Ansturms, mit ihren weiten, nur an wenigen Punkten dichter »belegten« Stränden und einer sich weit erstreckenden Strandpromenade bis heute nicht den Charakter eines vom Tourismus hoffnungslos überfluteten Eilands.

Bei schlechtem Wetter wartet das Heimatmuseum auf einen Besuch, wo umfangreiches Bild- und Kartenmaterial darlegt, wie Borkum einst aussah und wie sich die Insel im Laufe der Zeit verändert hat. Alles, was man zufällig am Strand oder bei Wattwanderungen kennenlernen kann, findet man hier übersichtlich geordnet und beschriftet in Vitrinen und Schaukästen wieder, so daß ein Besuch im Heimatmuseum eine lohnende Ergänzung der Natureindrücke sein kann.

Gemütlich tuckert heute die Fähre in den Hafen, wo die Inselbahn wartet. Vor 100 Jahren war das aufregender und schwieriger: Wie noch heute auf Helgoland, mußten die Feriengäste mit all ihrem Gepäck »ausgebootet« werden, das heißt vor der Bucht vom großen Fährschiff in kleine Boote umsteigen, weil der Hafen zum Einlaufen der Schiffe nicht tief genug war.

Dazu muß man wissen, daß die Gäste damals praktisch alles zum Überleben der Sommerwochen mitbringen mußten, weil es auf der Insel – außer großem Mangel und echter Armut – nichts gab, was uns heute als Urlaubsausstattung für Seebäder selbstverständlich ist.

Es ist überliefert, daß die Borkumer für Gäste ihre Häuser räumten, in Ställen übernachteten und wochenlang während der Saison in Scheunen lebten, um sich das dringend benötigte Zubrot zu verdienen. Zwischen dem ersten Hotelbau, der um 1860 errichtet wurde, und dem stolzen Vermerk, Europas größtes *Meerwasserwellenhallenbad* ebenso anbieten zu können wie Discos, Kino, *Spielbank*, Kur- und Dünenpark, Segelschule und Yachthafen, Windsurfcenter und Tennisplätze liegen mehrere Welten der sogenannten Zivilisation – aber auch die Zeit eines neuerlichen Aufschwungs, einer neuen Zukunft, deren weitere Entwicklung man kritisch und bedächtig – und hoffentlich auch erfolgreich – unter Kontrolle zu halten bemüht ist.

Der Weststrand von Langeoog.

Impressum

Karten: Astrid Fischer-Leitl, München

Lektorat: Christa Klus
Layout: H. Leonhard Guha
Umschlaggestaltung: Heinz Kraxenberger, München
Reproduktionen: Fotolitho Longo, I-Bozen
Herstellung: Gabriele Kutscha
Druck: Ajanta Offset, India

Die Deutsche Bibliothek –
CIP-Einheitsaufnahme
Ein Titeldatensatz für diese Publikation ist bei der Deutschen Bibliothek erhältlich.

Für diese genehmigte Sonderausgabe:
© 2005 in der GeraNova | Bruckmann Verlagshaus GmbH, München

Für die Originalausgabe:
© C. J. Bucher Verlag GmbH, München
Alle Rechte vorbehalten
ISBN 3-86517-058-7